MOLIÈRE

LES FOURBERIES DE SCAPIN

COMÉDIE

TEXTE INTÉGRAL

Classiques Hachette

*Texte conforme
à l'édition des Grands Écrivains de la France.*

Notes explicatives, questionnaires, bilans,
documents et parcours thématique

établis par

Monique EMOND BONETTO,
Professeur certifié de Lettres modernes,

et Marie-Françoise FRADET,
Professeur agrégé des Lettres.

La couverture de cet ouvrage a été réalisée avec l'aimable collaboration de la Comédie-Française.

Photographie : Thierry Vasseur.

© HACHETTE LIVRE 1992, 43, quai de Grenelle 75905 Paris Cedex 15
I.S.B.N. 2-01-017-226-4

LES FOURBERIES DE SCAPIN
(texte intégral)

MOLIÈRE ET SON TEMPS

À PROPOS DE L'ŒUVRE

PARCOURS THÉMATIQUE

ANNEXES

VRAY PORTRAICT DE Mᵉ DE MOLIERE
en habit de Sganarelle

Molière acteur, en habit de Sganarelle, emploi que l'on retrouve dans de nombreuses comédies. Gravure de 1860 d'après Simonin, Paris, bibliothèque de la Comédie-Française, cliché Hachette.

Lorsqu'il écrit _Les Fourberies de Scapin_, Molière le mime, Molière l'acteur, Molière l'auteur, est au sommet de son art : il a quarante-neuf ans.

À vingt ans, renonçant à la vie toute tracée de valet de chambre tapissier du roi que lui proposait son père, tournant le dos à une carrière d'avocat, un instant envisagée, Jean-Baptiste Poquelin choisit le risque, la passion : comédien, il sera comédien !

Après une tentative ratée à Paris, Jean-Baptiste Poquelin, dit Molière, sillonne les routes, pendant treize ans, avec la famille Béjart et les comédiens de la troupe du duc d'Épernon, apprenant son triple métier de chef de troupe, d'auteur et d'acteur. Au répertoire de la troupe : tragédies, farces, comédies jouées avec des succès divers. C'est dans la farce surtout que le comédien Molière excelle, c'est un mime de génie.

Revenue à Paris, en 1658, la troupe de Molière, successivement troupe de Monsieur, frère unique du roi, puis Troupe du roi, s'impose.

À l'époque des _Fourberies de Scapin_, Molière a déjà écrit, mis en scène et joué une trentaine de pièces comiques. Son immense expérience du théâtre est faite d'énormes succès, mais aussi de revers : il lui a fallu cinq ans pour obtenir l'autorisation de jouer _Le Tartuffe_ et les représentations de _Dom Juan_ ont dû être suspendues. Avec _Les Fourberies_, Molière revient à un type de spectacle plus divertissant.

Les Fourberies de Scapin sont à la fois une comédie littéraire, inspirée d'une comédie latine, _Le Phormion_ de Térence, et une farce comme celles de Tabarin ou de la Commedia dell'Arte. Passées les épreuves, Molière semble se libérer ; en composant cette pièce, il s'amuse, remettant au goût du jour des personnages qui remontent à la plus haute Antiquité et que la comédie italienne avait déjà faits siens. Il emprunte aussi à la farce son rythme endiablé, ses jeux de scène et ses thèmes, toujours les mêmes : amours de jeunes gens contrariés par leurs pères, tromperies, enlèvements, reconnaissances, ..., nous entraînant, au XXe comme au XVIIe siècle, dans un monde bariolé, remuant et gai, plein de culbutes et de rires.

Et c'est Molière, l'acteur, qui, avec une grande aisance, incarne Scapin dans ses cabrioles et ses mimes, dans une cascade de gags, pour finir dans un « simulacre goguenard de cadavre sur une civière burlesque ».

Molière est au sommet de son art, mais il n'a plus que deux ans à vivre !...

LES FOURBERIES DANS L'ÉVOLUTION DE LA FARCE

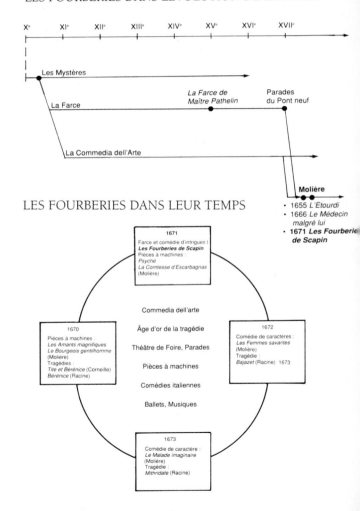

LES FOURBERIES DANS LEUR TEMPS

Xᵉ **XI**ᵉ **XII**ᵉ **XIII**ᵉ **XIV**ᵉ **XV**ᵉ **XVI**ᵉ **XVII**ᵉ

Les Mystères

La Farce

La Farce de Maître Pathelin

Parades du Pont neuf

La Commedia dell'Arte

Molière

- 1655 *L'Étourdi*
- 1666 *Le Médecin malgré lui*
- **1671 *Les Fourberies de Scapin***

1671
Farce et comédie d'intrigues :
Les Fourberies de Scapin
Pièces à machines :
Psyché
La Comtesse d'Escarbagnas
(Molière)

1670
Pièces à machines :
Les Amants magnifiques
Le Bourgeois gentilhomme
(Molière)
Tragédies :
Tite et Bérénice (Corneille)
Bérénice (Racine)

1672
Comédie de caractères :
Les Femmes savantes
(Molière)
Tragédie :
Bajazet (Racine) 1673

1673
Comédie de caractère :
Le Malade imaginaire
(Molière)
Tragédie :
Mithridate (Racine)

Commedia dell'arte

Âge d'or de la tragédie

Théâtre de Foire, Parades

Pièces à machines

Comédies italiennes

Ballets, Musiques

6

Les Fourberies de Scapin, qui ne furent jouées que dix-huit fois du vivant de Molière, connurent par la suite un succès qui ne s'est jamais démenti. Bien au contraire, que l'on consulte les registres de la Comédie-Française ou que l'on regarde les spectacles joués tant à Paris qu'en province au cours de ces dix dernières années, on s'aperçoit que *Les Fourberies* y ont une place de choix. Cette pièce conserve au fil du temps un air résolument jeune et moderne qui continue de séduire les metteurs en scène et d'amuser le public.

C'est qu'au cœur de cette pièce, il y a un personnage tout à fait étonnant : Scapin, héritier des esclaves de Térence et des Zanni de la Commedia dell'Arte, mais surtout précurseur des Frontin, Figaro..., de ces valets aux mille tours, volontiers frondeurs, de notre théâtre, sur lequel ils font souffler un vent de révolte et de liberté.

C'est aussi que *Les Fourberies* restent un des joyaux de la farce qui connut là son ultime heure de gloire avant de réapparaître quelques siècles plus tard, au cinéma, avec les Marx Brothers et autres Charlie Chaplin. Tout y est conçu pour faire rire : masques, déguisements, coups de bâton... Le titre de la pièce lui-même se veut la promesse d'un plaisir assuré, d'un plaisir « à répétition » : il n'y aura pas une fourberie, mais des fourberies, des tours que l'on aime jouer ou voir jouer à quelqu'un, et leur auteur n'est autre que « Scapino », un professionnel de la ruse dont le nom seul (qui signifie « s'échapper », de l'italien « scappare ») est synonyme de farces.

Lire *Scapin* aujourd'hui, c'est goûter ce plaisir de la fête telle que les Carnavals d'autrefois nous la proposaient ! Fi des institutions et de l'ordre établi, c'est l'intelligence et le rire qui entrent en scène pour nous entraîner, sur un rythme endiablé, loin de la morosité du quotidien !

LES FOURBERIES DE SCAPIN·

LES

FOURBERIES

DE

SCAPIN

COMEDIE.

PAR J. B. P. MOLIERE.

Repreſentée la premiere fois à Paris, ſur le
Theâtre de la Salle du Palais Royal,
le 24. May 1671.

Par la Troupe du Roy.

Page de gauche : frontispice de l'édition de 1682 ; gravure de Sauvé
d'après Brissart.
Page de droite : page de titre de l'édition de 1682 ; bibliothèque de la
Comédie-Française, cliché Hachette.

PERSONNAGES

ARGANTE : père d'Octave et de Zerbinette.

CARLE : fourbe.

GÉRONTE : père de Léandre et de Hyacinte.

OCTAVE : fils d'Argante ; amant[1] de Hyacinte.

LÉANDRE : fils de Géronte ; amant[1] de Zerbinette.

ZERBINETTE : prétendue Égyptienne[2] et reconnue comme fille d'Argante ; amante[1] de Léandre.

HYACINTE : fille de Géronte ; amante[1] d'Octave.

SCAPIN : valet de Léandre ; fourbe.

SYLVESTRE : valet d'Octave.

NÉRINE : nourrice de Hyacinte.

DEUX PORTEURS.

La scène est à Naples.

NB : Tout au long de la pièce, les mots suivis du signe• renvoient à un lexique qui, en fin d'ouvrage, répertorie les mots courants dans la langue de Molière.

---

1. *amant(e)* : qui aime une personne et en est aimé(e).
2. *Égyptienne* : ici, bohémienne.

ACTE PREMIER

SCÈNE PREMIÈRE. Octave, Sylvestre

Octave.   Ah ! fâcheuses[1] nouvelles pour un cœur amoureux ! Dures extrémités[2] où je me vois réduit ! Tu viens, Sylvestre, d'apprendre au port que mon père revient ?

Sylvestre.   Oui.

5 Octave.   Qu'il arrive ce matin même ?

Sylvestre.   Ce matin même.

Octave.   Et qu'il revient dans la résolution de me marier ?

Sylvestre.   Oui.

10 Octave.   Avec une fille du seigneur[3] Géronte ?

Sylvestre.   Du seigneur Géronte.

Octave.   Et que cette fille est mandée[4] de Tarente[5] ici pour cela ?

Sylvestre.   Oui.

15 Octave.   Et tu tiens ces nouvelles de mon oncle ?

Sylvestre.   De votre oncle.

Octave.   À qui mon père les a mandées[6] par une lettre ?

Sylvestre.   Par une lettre.

Octave.   Et cet oncle, dis-tu, sait toutes nos affaires ?

20 Sylvestre.   Toutes nos affaires.

Octave.   Ah ! parle, si tu veux, et ne te fais point, de la sorte, arracher les mots de la bouche.

Sylvestre.   Qu'ai-je à parler davantage ? Vous n'oubliez aucune circonstance, et vous dites les choses tout juste-
25 ment[7] comme elles sont.

---

1. *fâcheuses* : mauvaises.
2. *dures extrémités* : pénible situation.
3. *seigneur* : monsieur (n'est pas un titre de noblesse).
4. *mandée* : appelée.
5. *Tarente* : port du sud de l'Italie.
6. *mandées* : données, envoyées.
7. *tout justement* : très exactement.

OCTAVE.   Conseille-moi, du moins, et me dis[1] ce que je dois faire dans ces cruelles conjonctures[2].

SYLVESTRE.   Ma foi ! je m'y trouve autant embarrassé que vous, et j'aurais bon besoin[3] que l'on me conseillât moi-même.

OCTAVE.   Je suis assassiné[4] par ce maudit retour.

SYLVESTRE.   Je ne le suis pas moins.

OCTAVE.   Lorsque mon père apprendra les choses, je vais voir fondre sur moi un orage soudain d'impétueuses réprimandes[5].

SYLVESTRE.   Les réprimandes ne sont rien ; et plût au Ciel que j'en fusse quitte à ce prix[6] ! mais j'ai bien la mine, pour moi, de payer[7] plus cher vos folies, et je vois se former de loin un nuage de coups de bâton qui crèvera sur mes épaules.

OCTAVE.   Ô Ciel ! par où sortir de l'embarras où je me trouve ?

SYLVESTRE.   C'est à quoi vous deviez songer avant que de vous y jeter.

OCTAVE.   Ah ! tu me fais mourir par tes leçons hors de saison.

SYLVESTRE.   Vous me faites bien plus mourir par vos actions étourdies.

OCTAVE.   Que dois-je faire ? Quelle résolution prendre ? À quel remède recourir ?

---

1. *et me dis* : et dis-moi.
2. *cruelles conjonctures* : pénibles circonstances.
3. *bon besoin* : bien besoin.
4. *assassiné* : très ennuyé.
5. *impétueuses réprimandes* : vifs reproches.
6. *plût au Ciel que j'en fusse quitte à ce prix* : ah ! Si je pouvais m'en sortir ainsi...
7. *j'ai bien la mine pour moi de payer* : j'ai bien l'air de quelqu'un qui paiera.

Questions

Compréhension

1. *Vous venez de lire la scène 1 : pourriez-vous deviner ce qui a bien pu se passer avant ?*

2. *Comment Sylvestre et Octave vous apparaissent-ils ? Quelles sont leurs ressemblances ? leurs différences ? Si vous étiez mime, comment les traduiriez-vous ? (Attention, un mime ne parle pas et fait tout comprendre avec son corps.)*

3. *Un grand absent : pourquoi ?*

Écriture

4. *Quel est le signe de ponctuation le plus utilisé dans cette scène ? Quelle intention de Molière peut-on en déduire ?*

5. *Entre les lignes 30 et 40, Octave et Sylvestre emploient deux expressions particulièrement imagées : que signifie chacune d'elles au sens propre ? au sens figuré ? Dans lequel de ces deux sens chacune d'elles est-elle ici employée ? Pourquoi ?*

6. *Vous arrivez dans un groupe d'amis qui bavardent. Vous avez hâte de raconter une histoire. Rédigez les premières phrases que vous allez prononcer pour capter leur attention. (Molière peut vous aider.)*

Mise en scène

7. *Aujourd'hui, au cinéma, de la musique accompagne presque toujours les images. Au XVIIᵉ siècle, au théâtre, c'était pareil : on sait que pour Le Bourgeois gentilhomme, par exemple, Molière a travaillé avec un très grand compositeur : Lully. À vous maintenant de rechercher un extrait musical (3 minutes environ) qui pourrait servir d'entrée aux Fourberies.*
Ou bien dites simplement quels instruments de musique vous aimeriez utiliser.
Dans les deux cas, justifiez votre choix.

8. *Quelle lumière imagineriez-vous au lever du rideau ? Justifiez votre réponse en citant le texte de Molière.*

SCÈNE 2. Scapin, Octave, Sylvestre

SCAPIN.   Qu'est-ce, seigneur Octave, qu'avez-vous ? Qu'y a-t-il ? Quel désordre est-ce là ? Je vous vois tout troublé.

OCTAVE.   Ah ! mon pauvre Scapin, je suis perdu, je suis désespéré, je suis le plus infortuné de tous les hommes.

5 SCAPIN.   Comment ?

OCTAVE.   N'as-tu rien appris de ce qui me regarde[1] ?

SCAPIN.   Non.

OCTAVE.   Mon père arrive avec le seigneur Géronte, et ils me veulent marier.

10 SCAPIN.   Hé bien ! qu'y a-t-il là de si funeste[2] ?

OCTAVE.   Hélas ! tu ne sais pas la cause de mon inquiétude ?

SCAPIN.   Non ; mais il ne tiendra qu'à vous que je ne la sache bientôt ; et je suis homme consolatif, homme à m'intéresser aux affaires des jeunes gens.

15 OCTAVE.   Ah ! Scapin, si tu pouvais trouver quelque invention, forger quelque machine[3], pour me tirer de la peine où je suis, je croirais t'être redevable de plus que de la vie.

SCAPIN.   À vous dire la vérité, il y a peu de choses qui me
20 soient impossibles, quand je m'en veux mêler. J'ai sans doute reçu du Ciel un génie[4] assez beau pour toutes les fabriques de ces gentillesses[5] d'esprit, de ces galanteries[6] ingénieuses, à qui le vulgaire[7] ignorant donne le nom de fourberies ; et je puis dire, sans vanité, qu'on n'a guère vu
25 d'homme qui fût plus habile ouvrier de ressorts et d'intrigues[8], qui ait acquis plus de gloire que moi dans ce noble métier : mais, ma foi ! le mérite est trop maltraité aujourd'hui, et j'ai renoncé à toutes choses depuis certain

---

1. *de ce qui me regarde* : en ce qui me concerne.
2. *funeste* : tragique.
3. *forger quelque machine* : inventer une ruse.
4. *génie* : don.
5. *gentillesses d'esprit* : malices.
6. *galanteries ingénieuses* : ruses adroites.
7. *le vulgaire* : les gens.
8. *ouvrier de ressorts et d'intrigues* : fort en « magouilles » ou auteur de tours et de ruses.

chagrin[1] d'une affaire qui m'arriva.

30 OCTAVE.   Comment ? quelle affaire, Scapin ?

SCAPIN.   Une aventure où je me brouillai avec la justice.

OCTAVE.   La justice !

SCAPIN.   Oui, nous eûmes un petit démêlé ensemble.

SYLVESTRE.   Toi et la justice ?

35 SCAPIN.   Oui. Elle en usa fort mal avec moi, et je me dépitai de telle sorte contre l'ingratitude du siècle[2] que je résolus de ne plus rien faire. Baste[3]. Ne laissez pas de me conter[4] votre aventure.

OCTAVE.   Tu sais, Scapin, qu'il y a deux mois que le sei- 40 gneur Géronte et mon père s'embarquèrent ensemble pour un voyage qui regarde certain commerce où leurs intérêts sont mêlés.

SCAPIN.   Je sais cela.

OCTAVE.   Et que Léandre et moi nous fûmes laissés par 45 nos pères, moi sous la conduite de Sylvestre, et Léandre sous ta direction.

SCAPIN.   Oui : je me suis fort bien acquitté de ma charge[5].

OCTAVE.   Quelque temps après, Léandre fit rencontre d'une jeune Égyptienne[6] dont il devint amoureux.

50 SCAPIN.   Je sais cela encore.

OCTAVE.   Comme nous sommes grands amis, il me fit aussitôt confidence de son amour et me mena voir cette fille, que je trouvais belle à la vérité, mais non pas tant qu'il voulait que je la trouvasse. Il ne m'entretenait que 55 d'elle chaque jour, m'exagérait à tous moments sa beauté et sa grâce, me louait son esprit et me parlait avec trans- port[7] des charmes de son entretien[8], dont il me rapportait jusqu'aux moindres paroles, qu'il s'efforçait toujours de

---

1. *chagrin* : ennui.
2. *et je me dépitai de telle sorte contre l'ingratitude du siècle* : et je fus telle- ment déçu par le manque de reconnaissance de mes contemporains.
3. *Baste* : suffit !
4. *ne laissez pas de me conter* : continuez à me raconter.
5. *je me suis fort bien acquitté de ma charge* : j'ai très bien fait mon travail.
6. *Égyptienne* : bohémienne, diseuse de bonne aventure.
7. *transport* : enthousiasme.
8. *entretien* : conversation.

60 me faire trouver les plus spirituelles du monde. Il me que-
rellait quelquefois de n'être pas assez sensible aux choses
qu'il me venait dire, et me blâmait sans cesse de l'indiffé-
rence où j'étais pour les feux de l'amour.

SCAPIN. Je ne vois pas encore où ceci veut aller.

OCTAVE. Un jour que je l'accompagnais pour aller chez
65 les gens qui gardent l'objet de ses vœux[1], nous enten-
dîmes, dans une petite maison d'une rue écartée,
quelques plaintes mêlées de beaucoup de sanglots. Nous
demandons ce que c'est. Une femme nous dit, en soupi-
rant, que nous pouvions voir là quelque chose de
70 pitoyable en des personnes étrangères, et qu'à moins
d'être insensibles, nous en serions touchés.

SCAPIN. Où est-ce que cela nous mène ?

OCTAVE. La curiosité me fit presser Léandre de voir ce
que c'était. Nous entrons dans une salle, où nous voyons
75 une vieille femme mourante, assistée d'une servante qui
faisait des regrets[2], et d'une jeune fille toute fondante en
larmes, la plus belle et la plus touchante qu'on puisse
jamais voir.

SCAPIN. Ah, ah !

80 OCTAVE. Une autre aurait paru effroyable en l'état où elle
était, car elle n'avait pour habillement qu'une méchante
petite jupe[3], avec des brassières de nuit qui étaient de
simple futaine[4], et sa coiffure était une cornette[5] jaune,
retroussée au haut de sa tête, qui laissait tomber en
85 désordre ses cheveux sur ses épaules ; et cependant, faite
comme cela[6], elle brillait de mille attraits[7], et ce n'était
qu'agréments et que charmes que toute sa personne.

SCAPIN. Je sens venir les choses.

OCTAVE. Si tu l'avais vue, Scapin, en l'état que je dis, tu
90 l'aurais trouvée admirable.

---

1. *l'objet de ses vœux* : la jeune fille qu'il aime.
2. *qui faisait des regrets* : qui se lamentait.
3. *méchante petite jupe* : petite jupe simple.
4. *brassières de simple futaine* : chemisette en coton et lin.
5. *cornette* : bonnet de nuit pour les femmes.
6. *faite comme cela* : habillée ainsi.
7. *elle brillait de mille attraits* : elle était pleine de charme.

SCAPIN. Oh ! je n'en doute point ; et, sans l'avoir vue, je vois bien qu'elle était tout à fait charmante.

OCTAVE. Ses larmes n'étaient point de ces larmes désagréables qui défigurent un visage ; elle avait à pleurer une 95 grâce touchante, et sa douleur était la plus belle du monde.

SCAPIN. Je vois tout cela.

OCTAVE. Elle faisait fondre chacun en larmes, en se jetant amoureusement sur le corps de cette mourante, qu'elle 100 appelait sa chère mère, et il n'y avait personne qui n'eût l'âme percée[1] de voir un si bon naturel.

SCAPIN. En effet, cela est touchant, et je vois bien que ce bon naturel-là vous la fit aimer.

OCTAVE. Ah ! Scapin, un barbare l'aurait aimée.

105 SCAPIN. Assurément : le moyen de s'en empêcher ?

OCTAVE. Après quelques paroles, dont je tâchai d'adoucir la douleur de cette charmante affligée[2], nous sortîmes de là ; et demandant à Léandre ce qu'il lui semblait de cette personne, il me répondit froidement qu'il la trouvait assez 110 jolie. Je fus piqué[3] de la froideur avec laquelle il m'en parlait, et je ne voulus point lui découvrir l'effet que ses beautés avaient fait sur mon âme.

SYLVESTRE, *à Octave*. Si vous n'abrégez ce récit, nous en voilà pour jusqu'à demain. Laissez-le-moi finir en deux 115 mots. (*À Scapin.*) Son cœur prend feu dès ce moment. Il ne saurait plus vivre, qu'il n'aille consoler[4] son aimable affligée. Ses fréquentes visites sont rejetées de la servante, devenue la gouvernante par le trépas[5] de la mère : voilà mon homme au désespoir. Il presse, supplie, conjure : 120 point d'affaire[6]. On lui dit que la fille, quoique sans bien et sans appui, est de famille honnête et qu'à moins que de l'épouser, on ne peut souffrir ses poursuites[7]. Voilà son

---

1. *qui n'eût l'âme percée* : qui ne fût touché.
2. *affligée* : malheureuse.
3. *piqué* : irrité.
4. *qu'il n'aille consoler* : sans aller consoler.
5. *trépas* : mort.
6. *point d'affaire* : rien à faire.
7. *souffrir ses poursuites* : accepter qu'il continue à la voir.

amour augmenté par les difficultés. Il consulte dans sa tête, agite, raisonne, balance, prend sa résolution : le voilà
125 marié avec elle depuis trois jours.

SCAPIN. J'entends[1].

SYLVESTRE. Maintenant, mets avec cela le retour imprévu du père, qu'on n'attendait que dans deux mois ; la découverte que l'oncle a faite du secret de notre mariage, et
130 l'autre mariage qu'on veut faire de lui avec la fille que le seigneur Géronte a eue d'une seconde femme qu'on dit qu'il a épousée à Tarente.

OCTAVE. Et par-dessus tout cela, mets encore l'indigence[2] où se trouve cette aimable personne et
135 l'impuissance où je me vois d'avoir de quoi la secourir.

SCAPIN. Est-ce là tout ? Vous voilà bien embarrassés tous deux pour une bagatelle[3]. C'est bien là de quoi se tant alarmer. N'as-tu point de honte, toi[4], de demeurer court[5] à si peu de chose ? Que diable ! te voilà grand et gros
140 comme père et mère, et tu ne saurais trouver dans ta tête, forger dans ton esprit quelque ruse galante[6], quelque honnête petit stratagème[7], pour ajuster vos affaires ? Fi ! peste soit du butor[8] ! Je voudrais bien que l'on m'eût donné autrefois nos vieillards à duper[9] ; je les aurais joués tous
145 deux par-dessous la jambe[10], et je n'étais pas plus grand que cela que je me signalais déjà par cent tours d'adresse jolis[11].

SYLVESTRE. J'avoue que le Ciel ne m'a pas donné tes talents, et que je n'ai pas l'esprit, comme toi, de me
150 brouiller avec la justice.

OCTAVE. Voici mon aimable Hyacinte.

---

1. *J'entends* : je comprends.
2. *indigence* : pauvreté.
3. *pour une bagatelle* : pour rien.
4. *toi* : Sylvestre.
5. *demeurer court* : ne pas savoir quoi faire.
6. *galante* : habile.
7. *honnête petit stratagème* : petit tour bien ficelé.
8. *butor* : maladroit.
9. *duper* : tromper.
10. *je les aurais joués tous deux par-dessous la jambe* : je les aurais trompés sans peine tous les deux.
11. *jolis* : spirituels.

Questions

Compréhension

1. *Dans quelle mesure l'arrivée de Scapin nous permet-elle d'avancer dans la connaissance de la situation ? Quelles sont les questions qui demeurent malgré tout en suspens ? Y en a-t-il de nouvelles ?*

2. *Pour quelles raisons Octave est-il tombé amoureux de Hyacinte ? Qu'en déduisez-vous sur le caractère du jeune homme ?*

3. *Quelle image avez-vous de Scapin à la fin de la scène, compte tenu : de ce qu'il dit de lui-même ? de l'évolution de sa position vis-à-vis d'Octave ?*

Écriture

4. *Dans le portrait qu'Octave fait de lui-même, relevez, en les présentant dans un tableau :*
a) *les mots qui décrivent la jeune fille comme une personne qui aurait pu être laide ;*
b) *les mots qui la décrivent telle qu'Octave l'a vue ;*
c) *les mots qui la décrivent telle que Léandre l'a vue.*
À quelles conclusions arrivez-vous ?

5. *Comparez les récits que font successivement Octave et Sylvestre de la rencontre et du mariage avec Hyacinte. En quoi sont-il différents ? À votre tour, écrivez au style direct le récit d'un match, qu'un enfant passionné commence devant un groupe de copains et que termine sa mère, pressée de rentrer à la maison.*

6. *Choisissez un camarade.*
a) *Imaginez le portrait que pourrait faire de lui son meilleur ami.*
b) *Imaginez ensuite celui que pourrait faire quelqu'un qui ne l'aime pas du tout.*

7. *Dans des journaux ou des livres, cherchez des descriptions, des photos, des peintures de Scapin ou de personnages qui vous paraissent lui ressembler. Recopiez, découpez, collez ces documents sur des feuilles de même format (sans oublier de noter titre et date de parution du journal, ou titre, auteur et date du livre).*

Cette recherche se poursuivra pendant toute l'étude des Fourberies de Scapin *et vous permettra de réaliser un dossier présentant un portrait original de Scapin.*

Mise en scène

8. *Faites d'abord connaissance avec quelques mots du vocabulaire de la mise en scène :*

côté jardin				côté cour

l'acteur monte ou va dans le lointain — CENTRE — *l'acteur descend ou va à face*

public

La position et le déplacement des acteurs ont toujours une signification. Choisissez une réplique et, en utilisant le vocabulaire qui convient, dites où sont les acteurs et ce qu'ils font.

9. *Par quel procédé de mise en scène pourriez-vous rendre le plus vivant possible le long récit d'Octave ?*

Scène de théâtre (détail), vue par le graveur Claude Gillot, qui a bien connu les comédiens italiens de l'Hôtel de Bourgogne. Cliché Lauros/Giraudon.

SCÈNE 3. HYACINTE, OCTAVE, SCAPIN, SYLVESTRE

HYACINTE.   Ah! Octave, est-il vrai ce que Sylvestre vient
de dire à Nérine ? que votre père est de retour et qu'il veut
vous marier ?

OCTAVE.   Oui, belle Hyacinte, et ces nouvelles m'ont
5   donné une atteinte[1] cruelle. Mais que vois-je ? vous pleurez ! Pourquoi ces larmes ? Me soupçonnez-vous, dites-
moi, de quelque infidélité, et n'êtes-vous pas assurée de
l'amour que j'ai pour vous ?

HYACINTE.   Oui, Octave, je suis sûre que vous m'aimez;
10   mais je ne le suis pas que vous m'aimiez toujours.

OCTAVE.   Eh ! peut-on vous aimer qu'on ne vous aime
toute sa vie ?

HYACINTE.   J'ai ouï dire, Octave, que votre sexe aime
moins longtemps que le nôtre, et que les ardeurs[2] que les
15   hommes font voir sont des feux qui s'éteignent aussi facilement qu'ils naissent.

OCTAVE.   Ah ! ma chère Hyacinte, mon cœur n'est donc
pas fait comme celui des autres hommes, et je sens bien,
pour moi, que je vous aimerai jusqu'au tombeau.

20   HYACINTE.   Je veux croire que vous sentez ce que vous
dites, et je ne doute point que vos paroles ne soient sin-
cères ; mais je crains un pouvoir[3] qui combattra dans votre
cœur les tendres sentiments que vous pouvez avoir pour
moi. Vous dépendez d'un père, qui veut vous marier à une
25   autre personne ; et je suis sûre que je mourrai, si ce malheur m'arrive.

OCTAVE.   Non, belle Hyacinte, il n'y a point de père qui
puisse me contraindre à vous manquer de foi[4], et je me
résoudrai à quitter mon pays, et le jour[5] même, s'il est
30   besoin, plutôt qu'à vous quitter. J'ai déjà pris, sans l'avoir

---

1. *atteinte* : coup.
2. *les ardeurs* : l'amour.
3. *un pouvoir* : celui du père (très fort au XVIIᵉ siècle).
4. *à vous manquer de foi* : à vous abandonner.
5. *quitter le jour* : quitter la vie, mourir.

vue, une aversion[1] effroyable pour celle que l'on me desti-
ne ; et, sans être cruel, je souhaiterais que la mer l'écartât
d'ici pour jamais. Ne pleurez donc point, je vous prie,
mon aimable Hyacinte, car vos larmes me tuent, et je ne
35 les puis voir sans me sentir percer le cœur.

HYACINTE.   Puisque vous le voulez, je veux bien essuyer
mes pleurs, et j'attendrai d'un œil constant[2] ce qu'il plaira
au Ciel de résoudre de moi[3].

OCTAVE.   Le Ciel nous sera favorable.

40 HYACINTE.   Il ne saurait m'être contraire, si vous m'êtes
fidèle.

OCTAVE.   Je le serai assurément.

HYACINTE.   Je serai donc heureuse.

SCAPIN, à part.   Elle n'est pas tant sotte, ma foi ! et je la
45 trouve assez passable[4].

OCTAVE, montrant Scapin.   Voici un homme qui pourrait
bien, s'il le voulait, nous être, dans tous nos besoins, d'un
secours merveilleux.

SCAPIN.   J'ai fait de grands serments de ne me mêler plus
50 du monde ; mais, si vous m'en priez bien fort tous deux,
peut-être...

OCTAVE.   Ah ! s'il ne tient qu'à te prier bien fort pour
obtenir ton aide, je te conjure de tout mon cœur de
prendre la conduite de notre barque.

55 SCAPIN, à Hyacinte.   Et vous, ne me dites-vous rien ?

HYACINTE.   Je vous conjure, à son exemple, par tout ce
qui vous est le plus cher au monde, de vouloir servir
notre amour.

SCAPIN.   Il faut se laisser vaincre et avoir de l'humanité.
60 Allez, je veux m'employer pour vous.

OCTAVE.   Crois que...

---

1. *aversion :* haine.
2. *d'un œil constant :* avec patience et fermeté.
3. *ce qu'il plaira au Ciel de résoudre de moi :* ce que Dieu décidera pour
moi.
4. *assez passable :* assez intéressante.

SCAPIN.   Chut ! (*À Hyacinte.*) Allez-vous-en, vous, et soyez en repos. (*À Octave.*) Et vous, préparez-vous à soutenir avec fermeté l'abord[1] de votre père.

65 OCTAVE.   Je t'avoue que cet abord me fait trembler par avance, et j'ai une timidité naturelle que je ne saurais vaincre.

SCAPIN.   Il faut pourtant paraître ferme au premier choc, de peur que, sur votre faiblesse[2], il ne prenne le pied[3] de 70 vous mener comme un enfant. Là, tâchez de vous composer par étude[4]. Un peu de hardiesse, et songez à répondre résolument sur tout ce qu'il pourra vous dire.

OCTAVE.   Je ferai du mieux que je pourrai.

SCAPIN.   Çà, essayons un peu, pour vous accoutumer. 75 Répétons un peu votre rôle et voyons si vous ferez bien. Allons. La mine résolue, la tête haute, les regards assurés.

OCTAVE.   Comme cela ?

SCAPIN.   Encore un peu davantage.

OCTAVE.   Ainsi ?

80 SCAPIN.   Bon. Imaginez-vous que je suis votre père qui arrive, et répondez-moi fermement, comme si c'était à lui-même. « Comment ! pendard, vaurien, infâme, fils indigne d'un père comme moi, oses-tu bien paraître devant mes yeux, après tes bons déportements[5], après le lâche tour 85 que tu m'as joué pendant mon absence ? Est-ce là le fruit de mes soins, maraud ? est-ce là le fruit de mes soins ? le respect qui m'est dû ? le respect que tu me conserves ? » Allons donc ! « Tu as l'insolence, fripon, de t'engager sans le consentement de ton père, de contracter un mariage 90 clandestin ? Réponds-moi, coquin, réponds-moi Voyons un peu tes belles raisons. » Oh ! que diable ! vous demeurez interdit[6] !

---

1. *l'abord* : l'arrivée.
2. *sur votre faiblesse* : à cause de votre faiblesse.
3. *il ne prenne le pied* : il ne profite de la situation.
4. *de vous composer par étude* : d'entrer dans la peau d'un personnage (ici, un fils sûr de lui).
5. *tes bons déportements* : ta bonne conduite (ironique).
6. *interdit* : sans voix.

OCTAVE.   C'est que je m'imagine que c'est mon père que j'entends.

95 SCAPIN.   Eh ! oui. C'est par cette raison qu'il ne faut pas être comme un innocent[1].

OCTAVE.   Je m'en vais prendre plus de résolution, et je répondrai fermement.

SCAPIN.   Assurément ?

100 OCTAVE.   Assurément.

SYLVESTRE.   Voilà votre père qui vient.

OCTAVE, *s'enfuyant.*   Ô Ciel ! je suis perdu !

SCAPIN.   Holà ! Octave, demeurez, Octave ! Le voilà enfui. Quelle pauvre espèce d'homme ! Ne laissons pas
105 d'attendre le vieillard.

SYLVESTRE.   Que lui dirai-je ?

SCAPIN.   Laisse-moi dire, moi, et ne fais que me suivre.

---

1. *innocent :* simple d'esprit.

Questions

Compréhension

1. Citez la phrase où Scapin exprime sa décision qui met fin à un certain suspense : que s'est-il passé avant ? qu'arrive-t-il ensuite ?

2. Quel sens donnez-vous aux larmes versées par Hyacinte à son entrée en scène ?

3. Quelles attitudes successives Scapin adopte-t-il ? Qu'en concluez-vous ?

4. Comment Scapin s'y prend-il pour essayer de rendre Octave plus courageux face à son père ? Scapin prend-il du plaisir à ce jeu ? Pourquoi ?

5. Octave se révèle un élève bien peu doué : que nous apprend sa fuite sur son caractère ?

6. Le comique naît souvent d'une surprise (ce qui se passe est différent de ce que l'on attend) : relevez un passage comique.

Écriture

7. Les six premières répliques sont écrites dans un style précieux (c'est-à-dire d'une manière assez recherchée et peu spontanée). Remplacez Haycinte et Octave par Céline et Nicolas, et imaginez la façon dont ils s'exprimeraient pour dire la même chose (six répliques).

8. Imaginez la réponse que Scapin attendait d'Octave.

Mise en scène

9. Si vous étiez le metteur en scène, comment éclaireriez-vous cette scène :
a) pendant le dialogue entre Hyacinte et Octave ;
b) pendant le dialogue entre Scapin et Octave.
Justifiez vos propositions.

10. La leçon du professeur Scapin : sur quels contrastes faut-il insister pour rendre ce passage comique ? Apprenez de la ligne 74 à la ligne 102 en marquant bien le « crescendo » et les contrastes. Vous pouvez vous faire accompagner par un musicien ou choisir un morceau de musique enregistré, pour souligner les effets.

SCÈNE 4. ARGANTE, SCAPIN, SYLVESTRE

ARGANTE, *se croyant seul.*　A-t-on jamais ouï parler d'une action pareille à celle-là ?

SCAPIN, *à Sylvestre.*　Il a déjà appris l'affaire, et elle lui tient si fort en tête, que tout seul il en parle haut.

5　ARGANTE, *se croyant seul.*　Voilà une témérité[1] bien grande !

SCAPIN, *à Sylvestre.*　Écoutons-le un peu.

ARGANTE, *se croyant seul.*　Je voudrais bien savoir ce qu'ils me pourront dire sur ce beau mariage.

SCAPIN, *à part.*　Nous y avons songé.

10　ARGANTE, *se croyant seul.*　Tâcheront-ils de me nier la chose ?

SCAPIN, *à part.*　Non, nous n'y pensons pas.

ARGANTE, *se croyant seul.*　Ou s'ils entreprendront de l'excuser ?

15　SCAPIN, *à part.*　Celui-là[2] se pourra faire.

ARGANTE, *se croyant seul.*　Prétendront-ils m'amuser par des contes en l'air[3] ?

SCAPIN, *à part.*　Peut-être.

ARGANTE, *se croyant seul.*　Tous leurs discours seront inutiles.

20　SCAPIN, *à part.*　Nous allons voir.

ARGANTE, *se croyant seul.*　Ils ne m'en donneront point à garder[4].

SCAPIN, *à part.*　Ne jurons de rien.

ARGANTE, *se croyant seul.*　Je saurai mettre mon pendard
25　de fils en lieu de sûreté[5].

SCAPIN, *à part.*　Nous y pourvoirons[6].

ARGANTE, *se croyant seul.*　Et pour le coquin de Sylvestre, je le rouerai de coups.

---

1. *témérité* : audace.
2. *celui-là* : cela.
3. *contes en l'air* : histoires invraisemblables.
4. *ils ne m'en donneront point à garder* : ils ne me tromperont pas.
5. *lieu de sûreté* : à l'abri ; en prison, pour Géronte, en lieu sûr pour Scapin.
6. *nous y pourvoirons* : nous nous en occuperons.

SYLVESTRE, *à Scapin.*   J'étais bien étonné[1] s'il m'oubliait.

30 ARGANTE, *apercevant Sylvestre.*   Ah, ah ! vous voilà donc, sage gouverneur de famille, beau directeur de jeunes gens !

SCAPIN.   Monsieur, je suis ravi de vous voir de retour.

ARGANTE.   Bonjour, Scapin. *(À Sylvestre.)* Vous avez suivi mes ordres vraiment d'une belle manière, et mon fils s'est
35 comporté fort sagement pendant mon absence !

SCAPIN.   Vous vous portez bien, à ce que je vois ?

ARGANTE.   Assez bien. *(À Sylvestre.)* Tu ne dis mot, coquin, tu ne dis mot !

SCAPIN.   Votre voyage a-t-il été bon ?

40 ARGANTE.   Mon Dieu ! fort bon. Laisse-moi un peu quereller en repos.

SCAPIN.   Vous voulez quereller ?

ARGANTE.   Oui, je veux quereller.

SCAPIN.   Et qui, monsieur ?

45 ARGANTE, *montrant Sylvestre.*   Ce maraud-là

SCAPIN.   Pourquoi ?

ARGANTE.   Tu n'as pas ouï parler de ce qui s'est passé dans mon absence ?

SCAPIN.   J'ai bien ouï parler de quelque petite chose.

50 ARGANTE.   Comment, quelque petite chose ! Une action de cette nature !

SCAPIN.   Vous avez quelque raison.

ARGANTE.   Une hardiesse pareille à celle-là ?

SCAPIN.   Cela est vrai

55 ARGANTE.   Un fils qui se marie sans le consentement de son père ?

SCAPIN.   Oui, il y a quelque chose à dire à cela. Mais je serais d'avis que vous ne fissiez point de bruit.

ARGANTE.   Je ne suis pas de cet avis, moi, et je veux faire
60 du bruit tout mon soûl[2]. Quoi ? tu ne trouves pas que j'aie tous les sujets du monde d'être en colère ?

---

1. *j'étais bien étonné* : j'aurais été bien étonné.
2. *tout mon soûl* : autant que je veux.

SCAPIN. Si fait. J'y ai d'abord été[1], moi, lorsque j'ai su la chose, et je me suis intéressé pour vous[2], jusqu'à quereller votre fils. Demandez-lui un peu quelles belles répri-
65 mandes je lui ai faites, et comme je l'ai chapitré[3] sur le peu de respect qu'il gardait à un père dont il devait baiser les pas ? On ne peut pas lui mieux parler, quand ce serait[4] vous-même. Mais quoi ? je me suis rendu à la raison, et j'ai considéré que, dans le fond, il n'a pas tant de tort
70 qu'on pourrait croire.

ARGANTE. Que me viens-tu conter ? Il n'a pas tant de tort de s'aller marier de but en blanc[5] avec une inconnue ?

SCAPIN. Que voulez-vous ? il y a été poussé par sa desti-née.

75 ARGANTE. Ah, ah ! voici une raison la plus belle du monde. On n'a plus qu'à commettre tous les crimes ima-ginables, tromper, voler, assassiner, et dire pour excuse qu'on y a été poussé par sa destinée.

SCAPIN. Mon Dieu ! vous prenez mes paroles trop en
80 philosophe. Je veux dire qu'il s'est trouvé fatalement enga-gé dans cette affaire.

ARGANTE. Et pourquoi s'y engageait-il ?

SCAPIN. Voulez-vous qu'il soit aussi sage que vous ? Les jeunes gens sont jeunes, et n'ont pas toute la prudence
85 qu'il leur faudrait pour ne rien faire que de raisonnable : témoin notre Léandre, qui, malgré toutes mes leçons, mal-gré toutes mes remontrances[6], est allé faire, de son côté, pis[7] encore que votre fils. Je voudrais bien savoir si vous-même n'avez pas été jeune et n'avez pas, dans votre
90 temps, fait des fredaines[8] comme les autres. J'ai ouï dire, moi, que vous avez été autrefois un compagnon parmi les

---

1. *j'y ai d'abord été* : j'ai d'abord été en colère.
2. *je me suis intéressé pour vous* : j'ai pris votre parti.
3. *chapitré* : attrapé.
4. *quand ce serait* : même si c'était.
5. *de but en blanc* : sur un coup de tête.
6. *remontrances* : critiques.
7. *pis* : pire.
8. *fredaines* : bêtises.

femmes[1], que vous faisiez de votre drôle[2] avec les plus galantes[3] de ce temps-là, et que vous n'en approchiez point que vous ne poussassiez à bout[4].

95 ARGANTE.   Cela est vrai, j'en demeure d'accord ; mais je m'en suis toujours tenu à la galanterie, et je n'ai point été jusqu'à faire ce qu'il a fait.

SCAPIN.   Que vouliez-vous qu'il fît ? Il voit une jeune personne qui lui veut du bien (car il tient cela de vous, d'être 100 aimé de toutes les femmes). Il la trouve charmante. Il lui rend des visites, lui conte des douceurs, soupire galamment, fait le passionné. Elle se rend à sa poursuite[5]. Il pousse sa fortune[6]. Le voilà surpris avec elle par ses parents, qui, la force à la main[7], le contraignent de l'épou-105 ser.

SYLVESTRE, *à part*.   L'habile fourbe que voilà !

SCAPIN.   Eussiez-vous voulu qu'il se fût laissé tuer ? Il vaut mieux encore être marié qu'être mort.

ARGANTE.   On ne m'a pas dit que l'affaire se soit ainsi passée.

110 SCAPIN, *montrant Sylvestre*.   Demandez-lui plutôt : il ne vous dira pas le contraire.

ARGANTE, *à Sylvestre*.   C'est par force qu'il a été marié ?

SYLVESTRE.   Oui, monsieur.

SCAPIN.   Voudrais-je vous mentir ?

115 ARGANTE.   Il devait donc aller tout aussitôt protester de violence[8] chez un notaire

SCAPIN.   C'est ce qu'il n'a pas voulu faire.

ARGANTE.   Cela m'aurait donné plus de facilité à rompre ce mariage.

---

1. *un compagnon parmi les femmes* : un Don Juan.
2. *que vous faisiez votre drôle* : que vous vous amusiez bien.
3. *les plus galantes* : les plus coquettes.
4. *que vous ne poussassiez à bout* : que vous n'arriviez à vos fins.
5. *elle se rend à sa poursuite* : elle accepte ses avances.
6. *il pousse sa fortune* : il profite de sa chance.
7. *la force à la main* : une arme à la main.
8. *protester de violence* : engager un procès pour avoir été obligé de faire quelque chose malgré soi (ici, le mariage).

120 SCAPIN. Rompre ce mariage !

ARGANTE. Oui.

SCAPIN. Vous ne le romprez point.

ARGANTE. Je ne le romprai point ?

SCAPIN. Non.

125 ARGANTE. Quoi ? je n'aurai pas pour moi les droits de père, et la raison[1] de la violence qu'on a faite à mon fils ?

SCAPIN. C'est une chose dont il ne demeurera pas d'accord.

ARGANTE. Il n'en demeurera pas d'accord ?

130 SCAPIN. Non.

ARGANTE. Mon fils ?

SCAPIN. Votre fils. Voulez-vous qu'il confesse qu'il ait été capable de crainte, et que ce soit par force qu'on lui ait fait faire les choses ? Il n'a garde d'aller avouer cela. Ce

135 serait se faire tort, et se montrer indigne d'un père comme vous.

ARGANTE. Je me moque de cela.

SCAPIN. Il faut, pour son honneur et pour le vôtre, qu'il dise dans le monde que c'est de bon gré qu'il l'a épousée.

140 ARGANTE. Et je veux, moi, pour mon honneur et pour le sien, qu'il dise le contraire.

SCAPIN. Non, je suis sûr qu'il ne le fera pas.

ARGANTE. Je l'y forcerai bien.

SCAPIN. Il ne le fera pas, vous dis-je.

145 ARGANTE. Il le fera, ou je le déshériterai.

SCAPIN. Vous ?

ARGANTE. Moi.

SCAPIN. Bon !

ARGANTE. Comment, bon ?

150 SCAPIN. Vous ne le déshériterez point.

ARGANTE. Je ne le déshériterai point ?

SCAPIN. Non.

---

1. *la raison* : l'argument.

ARGANTE.   Non ?

SCAPIN.   Non.

155 ARGANTE.   Ouais ! voici qui est plaisant. Je ne déshérite-rai point mon fils ?

SCAPIN.   Non, vous dis-je.

ARGANTE.   Qui m'en empêchera ?

SCAPIN.   Vous-même.

160 ARGANTE.   Moi ?

SCAPIN.   Oui. Vous n'aurez pas ce cœur-là.

ARGANTE.   Je l'aurai.

SCAPIN.   Vous vous moquez.

ARGANTE.   Je ne me moque point.

165 SCAPIN.   La tendresse paternelle fera son office.

ARGANTE.   Elle ne fera rien.

SCAPIN.   Oui, oui.

ARGANTE.   Je vous dis que cela sera.

SCAPIN.   Bagatelles !

170 ARGANTE.   Il ne faut point dire : Bagatelles !

SCAPIN.   Mon Dieu ! je vous connais, vous êtes bon natu-rellement.

ARGANTE.   Je ne suis point bon, et je suis méchant quand je veux. Finissons ce discours qui m'échauffe la bile[1]. (À
175 Sylvestre.) Va-t'en, pendard, va-t'en me chercher mon fri-pon, tandis que j'irai rejoindre le seigneur Géronte, pour lui conter ma disgrâce[2].

SCAPIN.   Monsieur, si je vous puis être utile en quelque chose, vous n'avez qu'à me commander.

180 ARGANTE.   Je vous remercie. (À part.) Ah ! pourquoi faut-il qu'il soit fils unique ! et que n'ai-je à cette heure la fille que le Ciel m'a ôtée, pour la faire mon héritière !

---

1. *qui m'échauffe la bile* : qui me met en colère.
2. *disgrâce* : malheur.

31

Questions

Compréhension

1. Quelle est la tactique de Scapin dans cette scène ? Quels buts poursuit-il ? Les atteint-il ?

2. Quel est le sentiment éprouvé par Argante ? Comment se traduit-il dans son comportement ?

3. Quelle information nouvelle apprenons-nous sur la famille d'Argante ?

4. Relevez les passages qui vous font rire et essayez de dire pourquoi.

Écriture

5. a) Relisez le passage de la ligne 145 (« Il le fera... ») à la ligne 169 (« Bagatelles ! ») et dites quels procédés d'écriture le rendent particulièrement comique.

b) Imaginez une querelle que vous rendrez comique en utilisant les mêmes procédés.

6. Vous avez été invité(e) chez un(e) ami(e) en l'absence de ses parents. Pour vous « épater », celui(celle)-ci s'est servi(e) de l'ordinateur de son père et à la suite d'une fausse manœuvre, a effacé des fichiers très importants. Là-dessus, rentre le père qu'il va falloir mettre au courant... Bravement, vous essayez de défendre votre ami(e). En prenant modèle sur Scapin, rédigez votre plaidoirie.

7. Souvenez-vous d'un moment où vous avez beaucoup ri. Racontez-le par écrit avec l'intention de faire rire votre lecteur. Vous terminerez votre texte en disant : « Dans beaucoup de situations, ce qui déclenche le rire, c'est... ».

Mise en scène

8. Dans Pierre et le Loup (1936) de Prokofiev (compositeur russe, 1891-1953), chaque personnage est représenté par un instrument de musique. Quel instrument choisiriez-vous pour Scapin ? pour Argante ? Justifiez votre choix.

9. Dans la tradition italienne, Scapino est le plus souvent mas-qué. Toutefois, dans Les Fourberies, Molière, qui utilisait par-

fois des masques, ne l'a pas fait. Aujourd'hui, certains metteurs en scène reviennent à la tradition, comme J.-P Vincent qui, en 1990, pour Les Fourberies, a fait porter un demi-masque de cuir à Argante et à Géronte, selon la tradition de la Commedia dell'Arte.

a) *Fabriquez un masque de vieillard très simple.*

b) *Jouez la scène deux fois, Argante portant un masque, et Argante sans masque. Dites les réflexions que vous inspire la comparaison entre ces deux façons de jouer. Vous trouverez ainsi les fonctions du masque.*

10. *Pendant toute la durée de l'étude des Fourberies, cherchez des reproductions de masques, recopiez des textes qui en décrivent les fonctions, et regroupez tous ces documents dans un nouveau dossier intitulé « Le masque à travers les pays, à travers les âges ». Vous pouvez vous aider des documents fournis à la fin de ce livre.*

Les Fourberies de Scapin, mise en scène de Jean-Pierre Vincent, Avignon, 1990. Daniel Auteuil et Mario Gonzalez photographiés lors d'une répétition. © B. Enguerrand.

SCÈNE 5. SCAPIN, SYLVESTRE

SYLVESTRE.   J'avoue que tu es un grand homme, et voilà l'affaire en bon train; mais l'argent, d'autre part, nous presse pour notre subsistance[1], et nous avons, de tous côtés, des gens qui aboient après nous.

5 SCAPIN.   Laisse-moi faire, la machine[2] est trouvée. Je cherche seulement dans ma tête un homme qui nous soit affidé[3], pour jouer un personnage dont j'ai besoin. Attends. Tiens-toi un peu. Enfonce ton bonnet en méchant garçon. Campe-toi sur un pied. Mets la main au

10 côté. Fais les yeux furibonds. Marche un peu en roi de théâtre[4]. Voilà qui est bien. Suis-moi. J'ai des secrets pour déguiser ton visage et ta voix.

SYLVESTRE.   Je te conjure au moins de ne m'aller point brouiller avec la justice.

15 SCAPIN.   Va, va, nous partagerons les périls en frères ; et trois ans de galère de plus ou de moins ne sont pas pour arrêter un noble cœur.

Le tréteau des *Fourberies de Scapin,* au Vieux-Colombier (1921) ; costumes dessinés d'après J. Callot. Cliché Harlingue/R. Viollet.

1. *mais l'argent nous presse pour notre subsistance :* mais nous avons besoin d'argent pour vivre.
2. *machine :* ruse.
3. *affidé :* dévoué.
4. *en roi de théâtre :* comme un comédien qui joue le rôle d'un roi.

Questions

Compréhension

1. *Quel rôle Scapin envisage-t-il de faire jouer à Sylvestre ? Qu'y a-t-il de drôle dans ce choix ?*

2. *Quelles sont les nouvelles questions que le spectateur se pose ?*

Frederic Aubry dans le rôle d'Argante, mise en scène de Dominique Economidès. Festival du Pré Catelan, 1990, spectacle Ecla Théâtre. Ph. D. Surel.

Bilan

• *Il existe une méthode simple pour aider à comprendre et définir une situation : se poser les sept questions Qui ? Quoi ? Où ? Quand ? Comment ? Pourquoi ? Combien ? et y répondre. Voici, en ce qui concerne l'acte 1, les réponses que l'on peut apporter à ces questions.*

L'action

• *Ce que nous savons*

Cette histoire se déroule à Naples.
Pendant l'absence de leurs pères respectifs, Argante et Géronte, partis durant deux mois pour Tarente, Octave a épousé Hyacinte et Léandre est tombé amoureux d'une « Égyptienne ».
Nous avons fait la connaissance de : Scapin, Sylvestre, Argante, Octave et Hyacinte.
1. *Il nous reste encore à « découvrir » trois personnages : lesquels ?*

• *Ce que nous ignorons*

2. *Quand la fille de Géronte arrivera-t-elle ?*
3. *Pour quel rôle Scapin a-t-il pensé à Sylvestre ?*

Les personnages

• *Ce que nous savons*

Argante réagit très mal au mariage de son fils Octave : il est très en colère ; il veut faire rompre le mariage ; sinon, il déshéritera son fils.
Scapin prend la défense des fils contre les pères, parce qu'il aime se battre contre l'ordre établi, représenté ici par les vieillards.

• *Ce que nous ignorons*

4. *Comment Géronte réagira-t-il en apprenant le mariage d'Octave ?*
5. *Comment réagira-t-il en apprenant que son fils est tombé amoureux d'une bohémienne ?*
6. *Comment Scapin s'y prendra-t-il pour empêcher Argante de rompre le mariage d'Octave ?*
7. *Comment s'y prendra-t-il pour trouver l'argent nécessaire à Octave ?*

• *Vous avez ouvert deux dossiers ; n'oubliez pas de les remplir au fur et à mesure de votre travail :*
- *le portrait de Scapin ;*
- *les masques à travers les pays, à travers les âges.*

ACTE II

SCÈNE PREMIÈRE. Géronte, Argante

GÉRONTE.   Oui, sans doute, par le temps qu'il fait, nous aurons ici nos gens[1] aujourd'hui; et un matelot qui vient de Tarente m'a assuré qu'il avait vu mon homme[2] qui était près de s'embarquer. Mais l'arrivée de ma fille trouvera les
5 choses mal disposées à ce que nous nous proposions, et ce que vous venez de m'apprendre de votre fils rompt étrangement les mesures[3] que nous avions prises ensemble.

ARGANTE.   Ne vous mettez pas en peine: je vous réponds de renverser tout cet obstacle, et j'y vais travailler de ce
10 pas.

GÉRONTE.   Ma foi ! seigneur Argante, voulez-vous que je vous dise ? l'éducation des enfants est une chose à quoi il faut s'attacher fortement.

ARGANTE.   Sans doute. À quel propos cela ?

15 GÉRONTE.   À propos de ce que les mauvais déportements des jeunes gens viennent le plus souvent de la mauvaise éducation que leurs pères leur donnent.

ARGANTE.   Cela arrive parfois. Mais que voulez-vous dire par là ?

20 GÉRONTE.   Ce que je veux dire par là ?

ARGANTE.   Oui.

GÉRONTE.   Que si vous aviez, en brave père, bien morigéné[4] votre fils, il ne vous aurait pas joué le tour qu'il vous a fait.

25 ARGANTE.   Fort bien. De sorte donc que vous avez bien mieux morigéné le vôtre ?

---

1. *nos gens* : notre famille et nos serviteurs.
2. *mon homme* : personne envoyée par Géronte à Tarente pour ramener sa famille à Naples.
3. *mesures* : décisions.
4. *morigéné* : éduqué.

GÉRONTE.   Sans doute, et je serais bien fâché qu'il m'eût rien fait approchant de cela.

ARGANTE.   Et si ce fils que vous avez, en brave père, si
30 bien morigéné, avait fait pis encore que le mien ? eh ?

GÉRONTE.   Comment ?

ARGANTE.   Comment ?

GÉRONTE.   Qu'est-ce que cela veut dire ?

ARGANTE.   Cela veut dire, seigneur Géronte, qu'il ne faut
35 pas être si prompt[1] à condamner la conduite des autres; et que ceux qui veulent gloser[2] doivent bien regarder chez eux s'il n'y a rien qui cloche.

GÉRONTE.   Je n'entends point cette énigme.

ARGANTE.   On vous l'expliquera.

40 GÉRONTE.   Est-ce que vous auriez ouï dire quelque chose de mon fils ?

ARGANTE.   Cela se peut faire.

GÉRONTE.   Et quoi encore ?

ARGANTE.   Votre Scapin, dans mon dépit[3], ne m'a dit la
45 chose qu'en gros; et vous pourrez, de lui ou de quelque autre, être instruit du détail. Pour moi, je vais vite consulter un avocat, et aviser des biais[4] que j'ai à prendre. Jusqu'au revoir.

---

1. *prompt* : rapide.
2. *gloser* : critiquer.
3. *dépit* : colère.
4. *aviser des biais* : penser à des moyens détournés.

Questions

Compréhension

1. Qui vient d'entrer en scène ? Comment le spectateur le devine-t-il ?

2. Si vous deviez caractériser par une formule le changement de situation subi par Argante et Géronte, laquelle proposeriez-vous ?

3. En quoi Argante et Géronte se ressemblent-ils ?

4. « Et si ce fils avait fait pis encore que le mien ? » Qui a donné cette idée à Géronte ? Dans quelle scène ? Dans quelle phrase ?

5. a) À quoi Géronte fait-il allusion lorsqu'il parle des « mesures » qu'il a prises avec Argante ?
b) Cette manière d'agir était très répandue au XVIIe siècle, comme d'autres dont nous vous proposons de suivre les traces à travers les scènes qui suivent. Ouvrez un dossier intitulé « La vie quotidienne au XVIIe siècle » où vous les noterez.

Écriture

6. a) Comment l'utilisation de l'expression « vouloir dire » traduit-elle le renversement de situation (ligne 17 à ligne 35) ?
b) Imaginez un court dialogue où le même phénomène se produit.

7. Résumez cette scène en deux vignettes (dessins de bande dessinée) : choisissez dans le texte de Molière les paroles que vous mettrez dans les bulles et dessinez Argante et Géronte de telle sorte que le rapprochement des deux vignettes restitue le mieux possible le comique de la scène.

Mise en scène

8. Dans sa mise en scène, Louis Jouvet a donné une ombrelle à Géronte comme accessoire. Dites comment vous l'utiliseriez si vous étiez metteur en scène.

SCÈNE 2. LÉANDRE, GÉRONTE

GÉRONTE, *seul.* Que pourrait-ce être que cette affaire-ci ? Pis encore que le sien ? Pour moi, je ne vois pas ce que l'on peut faire de pis; et je trouve que se marier sans le consentement de son père est une action qui passe tout ce
5 qu'on peut s'imaginer. Ah ! vous voilà !

LÉANDRE, *en courant à lui pour l'embrasser.* Ah ! mon père, que j'ai de joie de vous voir de retour !

GÉRONTE, *refusant de l'embrasser.* Doucement. Parlons un peu d'affaire[1].

10 LÉANDRE. Souffrez[2] que je vous embrasse, et que...

GÉRONTE, *le repoussant encore.* Doucement, vous dis-je.

LÉANDRE. Quoi ? Vous me refusez, mon père, de vous exprimer mon transport[3] par mes embrassements ?

GÉRONTE. Oui : nous avons quelque chose à démêler[4]
15 ensemble.

LÉANDRE. Et quoi ?

GÉRONTE. Tenez-vous, que je vous voie en face.

LÉANDRE. Comment ?

GÉRONTE. Regardez-moi entre deux yeux.

20 LÉANDRE. Hé bien ?

GÉRONTE. Qu'est-ce donc qu'il s'est passé ici ?

LÉANDRE. Ce qui s'est passé ?

GÉRONTE. Oui. Qu'avez-vous fait dans mon absence ?

LÉANDRE. Que voulez-vous, mon père, que j'aie fait ?

25 GÉRONTE. Ce n'est pas moi qui veux que vous ayez fait, mais qui demande ce que c'est que vous avez fait.

LÉANDRE. Moi, je n'ai fait aucune chose dont vous ayez lieu de vous plaindre.

GÉRONTE. Aucune chose ?

---

1. *parlons un peu d'affaire* : parlons un peu sérieusement.
2. *souffrez* : acceptez.
3. *transport* : affection.
4. *démêler* : éclaircir.

30   LÉANDRE.   Non.

GÉRONTE.   Vous êtes bien résolu[1].

LÉANDRE.   C'est que je suis sûr de mon innocence.

GÉRONTE.   Scapin pourtant a dit de vos nouvelles.

LÉANDRE.   Scapin !

35   GÉRONTE.   Ah, ah ! ce mot vous fait rougir.

LÉANDRE.   Il vous a dit quelque chose de moi ?

GÉRONTE.   Ce lieu n'est pas tout à fait propre à vider[2] cette affaire, et nous allons l'examiner ailleurs. Qu'on se rende au logis. J'y vais revenir tout à l'heure[3]. Ah ! traître, s'il faut que
40 tu me déshonores, je te renonce[4] pour mon fils, et tu peux bien pour jamais te résoudre à fuir de ma présence.

SCÈNE 3. Octave, Scapin, Léandre

LÉANDRE, *seul.*   Me trahir de cette manière ! Un coquin qui doit, par cent raisons, être le premier à cacher les choses que je lui confie, est le premier à les aller découvrir à mon père. Ah ! je jure[5] le Ciel que cette trahison ne
5 demeurera pas impunie.

OCTAVE.   Mon cher Scapin, que ne dois-je point à tes soins! Que tu es un homme admirable ! et que le Ciel m'est favorable de t'envoyer à mon secours !

LÉANDRE.   Ah, ah ! vous voilà. Je suis ravi de vous trou-
10 ver, monsieur le coquin.

SCAPIN.   Monsieur, votre serviteur. C'est trop d'honneur que vous me faites.

LÉANDRE, *en mettant l'épée à la main.*   Vous faites le méchant[6] plaisant ? Ah ! je vous apprendrai...

---

1. *résolu* : sûr de vous.
2. *vider* : régler.
3. *tout à l'heure* : tout de suite.
4. *je te renonce pour mon fils* : je ne te considère plus comme mon fils.
5. *je jure le Ciel* : je prends Dieu à témoin.
6. *méchant plaisant* : mauvais plaisant.

15 SCAPIN, *se mettant à genoux.* Monsieur !

OCTAVE, *se mettant entre eux pour empêcher Léandre de le frapper.* Ah ! Léandre !

LÉANDRE. Non, Octave, ne me retenez point, je vous prie.

20 SCAPIN, *à Léandre.* Eh ! monsieur !

OCTAVE, *le retenant.* De grâce !

LÉANDRE, *voulant frapper Scapin.* Laissez-moi contenter mon ressentiment[1].

OCTAVE. Au nom de l'amitié, Léandre, ne le maltraitez 25 point.

SCAPIN. Monsieur, que vous ai-je fait ?

LÉANDRE, *voulant le frapper.* Ce que tu m'as fait, traître !

OCTAVE, *le retenant.* Eh ! doucement !

LÉANDRE. Non, Octave, je veux qu'il me confesse lui-30 même tout à l'heure la perfidie[2] qu'il m'a faite. Oui, coquin, je sais le trait[3] que tu m'as joué, on vient de me l'apprendre; et tu ne croyais pas peut-être que l'on me dût révéler ce secret; mais je veux en avoir la confession de ta propre bouche, ou je vais te passer cette épée au travers 35 du corps.

SCAPIN. Ah! monsieur, auriez-vous bien ce cœur-là ?

LÉANDRE. Parle donc.

SCAPIN. Je vous ai fait quelque chose, monsieur ?

LÉANDRE. Oui, coquin, et ta conscience ne te dit que 40 trop ce que c'est.

SCAPIN. Je vous assure que je l'ignore.

LÉANDRE, *s'avançant pour le frapper.* Tu l'ignores !

OCTAVE, *le retenant.* Léandre !

SCAPIN. Hé bien ! monsieur, puisque vous le voulez, je 45 vous confesse que j'ai bu avec mes amis ce petit quartaut[4]

---

1. *ressentiment* : rancune.
2. *perfidie* : trahison.
3. *trait* : tour.
4. *quartaut* : petit tonneau de contenance variable.

de vin d'Espagne dont on vous fit présent il y a quelques jours, et que c'est moi qui fis une fente au tonneau, et répandis de l'eau autour pour faire croire que le vin s'était échappé.

50 LÉANDRE.   C'est toi, pendard, qui m'as bu mon vin d'Espagne, et qui as été cause que j'ai tant querellé la servante, croyant que c'était elle qui m'avait fait le tour ?

SCAPIN.   Oui, monsieur, je vous en demande pardon.

LÉANDRE.   Je suis bien aise d'apprendre cela; mais ce n'est
55 pas l'affaire dont il est question maintenant.

SCAPIN.   Ce n'est pas cela, monsieur?

LÉANDRE.   Non : c'est une autre affaire qui me touche bien plus, et je veux que tu me la dises.

SCAPIN.   Monsieur, je ne me souviens pas d'avoir fait
60 autre chose.

LÉANDRE, *le voulant frapper.*   Tu ne veux pas parler ?

SCAPIN.   Eh !

OCTAVE, *le retenant.*   Tout doux !

SCAPIN.   Oui, monsieur, il est vrai qu'il y a trois semaines
65 que vous m'envoyâtes porter, le soir, une petite montre à la jeune Égyptienne que vous aimez. Je revins au logis, mes habits tout couverts de boue et le visage plein de sang, et vous dis que j'avais trouvé des voleurs qui m'avaient bien battu, et m'avaient dérobé la montre.
70 C'était moi, monsieur, qui l'avais retenue.

LÉANDRE.   C'est toi qui as retenu ma montre ?

SCAPIN.   Oui, monsieur, afin de voir quelle heure il est.

LÉANDRE.   Ah, ah ! j'apprends ici de jolies choses, et j'ai un serviteur fort fidèle, vraiment. Mais ce n'est pas encore
75 cela que je demande.

SCAPIN.   Ce n'est pas cela ?

LÉANDRE.   Non, infâme: c'est autre chose encore que je veux que tu me confesses.

SCAPIN, *à part.*   Peste !

80 LÉANDRE.   Parle vite, j'ai hâte.

SCAPIN.   Monsieur, voilà tout ce que j'ai fait.

LÉANDRE, *voulant frapper Scapin.*   Voilà tout ?

OCTAVE, *se mettant au-devant.*   Eh !

SCAPIN.   Hé bien! oui, monsieur : vous vous souvenez de
85 ce loup-garou[1], il y a six mois, qui vous donna tant de
coups de bâton, la nuit, et vous pensa[2] faire rompre le cou
dans une cave où vous tombâtes en fuyant.

LÉANDRE.   Hé bien ?

SCAPIN.   C'était moi, monsieur, qui faisais le loup-garou.

90 LÉANDRE.   C'était toi, traître, qui faisais le loup-garou ?

SCAPIN.   Oui, monsieur, seulement pour vous faire peur,
et vous ôter l'envie de nous faire courir toutes les nuits,
comme vous aviez coutume.

LÉANDRE.   Je saurai me souvenir, en temps et lieu, de
95 tout ce que je viens d'apprendre. Mais je veux venir au
fait, et que tu me confesses ce que tu as dit à mon père.

SCAPIN.   À votre père?

LÉANDRE.   Oui, fripon, à mon père.

SCAPIN.   Je ne l'ai pas seulement vu depuis son retour.

100 LÉANDRE.   Tu ne l'as pas vu ?

SCAPIN.   Non, monsieur.

LÉANDRE.   Assurément ?

SCAPIN.   Assurément. C'est une chose que je vais vous
faire dire par lui-même.

105 LÉANDRE.   C'est de sa bouche que je le tiens, pourtant.

SCAPIN.   Avec votre permission, il n'a pas dit la vérité.

---

1. *loup-garou :* homme, qui selon une vieille superstition, se transforme
en loup pendant la nuit.
2. *vous pensa :* faillit vous.

Compréhension

1. Le personnage de Scapin :
a) *Comment Octave et Léandre voient-ils Scapin à la scène 3 ?*
b) *Pourquoi leur jugement est-il différent ?*
c) *Qu'en coucluez-vous sur le personnage de Scapin ?*

2. a) *Relevez les trois fourberies que Scapin avoue.*
b) *Pourquoi les avoue-t-il dans cet ordre ?*
c) *Quels aspects de la personnalité de Léandre nous révèlent-elle ?*

3. *Dans quel état d'esprit imaginez-vous Scapin ? A-t-il réellement peur de Léandre ou se moque-t-il de lui ?*
Les avis des metteurs en scène sont partagés ; l'essentiel est de justifier votre opinion.

4. *Que nous apprennent les scènes 2 et 3 :*
a) *sur les relations parents/enfants ?*
b) *sur les relations maître/valet au XVIIᵉ siècle ?*
Ces réponses sont à consigner dans le dossier n° 3 « La vie quotidienne au XVIIᵉ siècle ».

5. *« Du mécanique plaqué sur du vivant. » C'est ainsi qu'un philosophe définissait l'impression que donnent beaucoup de scènes comiques. On rit chaque fois qu'un être humain nous donne un peu l'impression de se comporter comme une machine.*
Quel est le personnage qui se comporte ainsi dans la scène 3 ? Relevez quelques exemples de répétitions.

6. *Le quiproquo peut être aussi une source de comique :*
a) *Cherchez le sens de ce mot dans un dictionnaire.*
b) *Relevez-en plusieurs exemples dans la scène 3.*

Écriture

7. a) *Scène 2, lignes 10 à 25. Comment Léandre essaie-t-il de gagner du temps ?*
b) *Imaginez un dialogue où une personne, embarrassée par les questions qu'on lui pose, essaie de gagner du temps de la même façon.*

8. a) *Quel est le signe de ponctuation le plus fréquemment utilisé au début de la scène 3 (jusqu'à : « Ne le maltraitez point ») ? Que traduit-il ?*
b) *Réécrivez ce texte avec un vocabulaire d'aujourd'hui (même sens, même ponctuation).*

9. *Transposer la situation de Scapin :*
Imaginez le dialogue d'un enfant avec ses parents alors qu'il est obligé d'avouer une bêtise dont il est accusé sans la connaître exactement et qu'il en avoue d'autres qui auraient pu demeurer cachées.

10. *Si on jouait au portrait chinois... Si c'était une plante, un animal, un chanteur...*
Trouvez trois correspondances pour chacun des trois personnages de la scène 3 sans les nommer. Et testez vos portraits auprès de vos camarades.

Mise en scène

11. a) *À partir de la réponse faite à la question n° 3, imaginez des didascalies (indications scéniques) pour guider le jeu des acteurs.*
b) *Dites les lumières que vous feriez, la musique que vous choisiriez, en justifiant votre choix.*

12. *Improvisez une scène où une personne s'adresse à un mannequin de cire croyant qu'il s'agit d'un être vivant, ou bien « dialoguez » avec un répondeur.*

Jacques Copeau, dans le rôle de Scapin (1917). Cliché Roger-Viollet.

SCÈNE 4. Carle, Scapin, Léandre, Octave

CARLE. Monsieur, je vous apporte une nouvelle qui est fâcheuse pour votre amour.

LÉANDRE. Comment ?

CARLE. Vos Égyptiens sont sur le point de vous enlever
5 Zerbinette, et elle-même, les larmes aux yeux, m'a chargé de venir promptement vous dire que, si dans deux heures vous ne songez à leur porter l'argent qu'ils vous ont demandé pour elle, vous l'allez perdre pour jamais.

LÉANDRE. Dans deux heures ?

10 CARLE. Dans deux heures. (*Il sort.*)

LÉANDRE. Ah ! mon pauvre Scapin, j'implore ton secours !

SCAPIN, *passant devant lui avec un air fier.* « Ah ! mon pauvre Scapin. » Je suis « mon pauvre Scapin » à cette heure qu'on a besoin de moi.

15 LÉANDRE. Va, je te pardonne tout ce que tu viens de me dire et pis encore, si tu me l'as fait.

SCAPIN. Non, non, ne me pardonnez rien. Passez-moi votre épée au travers du corps. Je serai ravi que vous me tuiez.

20 LÉANDRE. Non. Je te conjure plutôt de me donner la vie, en servant mon amour.

SCAPIN. Point, point, vous ferez mieux de me tuer.

LÉANDRE. Tu m'es trop précieux ; et je te prie de vouloir employer pour moi ce génie admirable, qui vient à bout
25 de toute chose.

SCAPIN. Non, tuez-moi, vous dis-je.

LÉANDRE. Ah ! de grâce, ne songe plus à tout cela, et pense à me donner le secours que je te demande.

OCTAVE. Scapin, il faut faire quelque chose pour lui.

30 SCAPIN. Le moyen, après une avanie[1] de la sorte ?

LÉANDRE. Je te conjure d'oublier mon emportement et de me prêter ton adresse.

---

1. *avanie :* humiliation.

Octave.   Je joins mes prières aux siennes.

Scapin.   J'ai cette insulte-là sur le cœur.

35   Octave.   Il faut quitter ton ressentiment.

Léandre.   Voudrais-tu m'abandonner, Scapin, dans la cruelle extrémité où se voit mon amour ?

Scapin.   Me venir faire à l'improviste un affront comme celui-là !

40   Léandre.   J'ai tort, je le confesse.

Scapin.   Me traiter de coquin, de fripon, de pendard, d'infâme !

Léandre.   J'en ai tous les regrets du monde.

Scapin.   Me vouloir passer son épée au travers du corps !

45   Léandre.   Je t'en demande pardon de tout mon cœur ; et, s'il ne tient qu'à me jeter à tes genoux, tu m'y vois, Scapin, pour te conjurer encore une fois de ne me point abandonner.

Octave.   Ah ! ma foi ! Scapin, il se faut rendre à cela.

50   Scapin.   Levez-vous. Une autre fois, ne soyez point si prompt.

Léandre.   Me promets-tu de travailler pour moi ?

Scapin.   On y songera.

Léandre.   Mais tu sais que le temps presse.

55   Scapin.   Ne vous mettez pas en peine. Combien est-ce qu'il vous faut ?

Léandre.   Cinq cents écus*.

Scapin.   Et à vous ?

Octave.   Deux cents pistoles*.

60   Scapin.   Je veux tirer cet argent de vos pères. (À Octave.) Pour ce qui est du vôtre, la machine est déjà toute trouvée ; (À Léandre.) et quant au vôtre, bien qu'avare au dernier degré, il y faudra moins de façons encore, car vous savez que, pour l'esprit, il n'en a pas, grâces à Dieu ! gran-
65   de provision, et je le livre pour[1] une espèce d'homme à

---

1. *je le livre pour* : je le considère comme.

qui l'on fera toujours croire tout ce que l'on voudra. Cela
ne vous offense point : il ne tombe entre lui et vous aucun
soupçon de ressemblance ; et vous savez assez l'opinion de
tout le monde, qui veut qu'il ne soit votre père que pour la
70 forme.

LÉANDRE.   Tout beau, Scapin.

SCAPIN.   Bon, bon, on fait bien scrupule de cela : vous
moquez-vous ? Mais j'aperçois venir le père d'Octave.
Commençons par lui, puisqu'il se présente. Allez-vous-en
75 tous deux. (*À Octave.*) Et vous, avertissez votre Sylvestre
de venir vite jouer son rôle.

Francis Perrin, dans *Les Fourberies de Scapin*, mise en scène de Pierre
Boutron, théâtre de l'Athénée, 1978. © Enguerrand.

Compréhension

1. *La scène commence par un « coup de théâtre » :*
a) *Quel est le sens de cette expression ?*
b) *En quoi consiste-t-il ici et quelle en est la conséquence ?*

2. a) *Qui est Zerbinette ?*
b) *Que nous apprend sa mésaventure sur les mœurs du XVIIᵉ siècle ?*
(Réponse à classer dans le dossier n° 3.)

3. *Quels sont les sentiments de Scapin au cours de cette scène ?*

4. *Comment jugez-vous le changement d'attitude de Léandre vis-à-vis de Scapin entre les scènes 3 et 4 ?*

5. *À qui Scapin fait-il appel pour l'aider dans sa prochaine fourberie ? Dans quelle scène cette intervention a-t-elle été décidée ?*

Écriture

6. a) *« Me venir faire à l'improviste... corps » : par quel procédé de style Molière traduit-il la colère indignée de Scapin ?*
b) *Utilisez le même procédé pour traduire la colère indignée d'une personne découvrant une plaisanterie de très mauvais goût qu'on vient de lui faire.*

Mise en scène

7. *Dans les scènes 3 et 4, trouvez les deux passages où les rôles des personnages sont inversés.*
Apprenez-les et jouez-les de la façon la plus proche possible de la farce.

SCÈNE 5. ARGANTE, SCAPIN

SCAPIN, *à part.*   Le voilà qui rumine.

ARGANTE, *se croyant seul.*   Avoir si peu de conduite et de considération[1] ! s'aller jeter dans un engagement comme celui-là ! Ah, ah ! jeunesse impertinente[2] !

5   SCAPIN.   Monsieur, votre serviteur[3].

ARGANTE.   Bonjour, Scapin.

SCAPIN.   Vous rêvez à l'affaire de votre fils ?

ARGANTE.   Je t'avoue que cela me donne un furieux[4] chagrin.

10   SCAPIN.   Monsieur, la vie est mêlée de traverses[5]. Il est bon de s'y tenir sans cesse préparé ; et j'ai ouï dire, il y a longtemps, une parole d'un ancien[6] que j'ai toujours retenue.

ARGANTE.   Quoi ?

15   SCAPIN.   Que, pour peu qu'un père de famille ait été absent de chez lui, il doit promener son esprit sur tous les fâcheux accidents que son retour peut rencontrer : se figurer sa maison brûlée, son argent dérobé, sa femme morte, son fils estropié, sa fille subornée[7] ; et ce qu'il trouve qu'il
20   ne lui est point arrivé, l'imputer à bonne fortune[8]. Pour moi, j'ai pratiqué toujours cette leçon dans ma petite philosophie ; et je ne suis jamais revenu au logis, que je ne me sois tenu prêt à la colère de mes maîtres, aux réprimandes, aux injures, aux coups de pied au cul, aux bas-
25   tonnades, aux étrivières[9] ; et ce qui a manqué à m'arriver, j'en ai rendu grâce à mon bon destin.

---

1. *considération* : sagesse.
2. *impertinente* : sotte.
3. *votre serviteur* : bonjour respectueux.
4. *furieux* : terrible.
5. *traverses* : obstacles.
6. *ancien* : auteur latin de comédie (Térence, IIIᵉ s. av. J.-C.).
7. *subornée* : séduite.
8. *l'imputer à bonne fortune* : l'attribuer à la chance.
9. *étrivières* : coups de fouet (à l'origine, courroies de cuir tenant les étriers et qui pouvaient servir de fouet).

ARGANTE.   Voilà qui est bien. Mais ce mariage impertinent[1] qui trouble celui que nous voulons faire est une
chose que je ne puis souffrir, et je viens de consulter des
30 avocats pour le faire casser.

SCAPIN.   Ma foi ! monsieur, si vous m'en croyez, vous
tâcherez, par quelque autre voie, d'accommoder[2] l'affaire.
Vous savez ce que c'est que les procès en ce pays-ci, et
vous allez vous enfoncer dans d'étranges épines.

35 ARGANTE.   Tu as raison, je le vois bien. Mais quelle autre
voie ?

SCAPIN.   Je pense que j'en ai trouvé une. La compassion
que m'a donnée tantôt votre chagrin m'a obligé à chercher
dans ma tête quelque moyen pour vous tirer d'inquiétu-
40 de ; car je ne saurais voir d'honnêtes pères chagrinés par
leurs enfants que[3] cela ne m'émeuve ; et, de tout temps, je
me suis senti pour votre personne une inclination[4] parti-
culière.

ARGANTE.   Je te suis obligé[5].

45 SCAPIN.   J'ai donc été trouver le frère de cette fille qui a
été épousée. C'est un de ces braves[6] de profession, de ces
gens qui sont tous[7] coups d'épée, qui ne parlent que
d'échiner[8], et ne font non plus de conscience[9] de tuer un
homme que d'avaler un verre de vin. Je l'ai mis sur ce
50 mariage, lui ai fait voir quelle facilité offrait la raison[10] de
la violence pour le faire casser, vos prérogatives du nom
de père[11], et l'appui que vous donneraient auprès de la
justice et votre droit, et votre argent, et vos amis. Enfin je
l'ai tant tourné de tous les côtés qu'il a prêté l'oreille aux

---

1. *impertinent* : qui ne tombe pas bien.
2. *accommoder* : arranger.
3. *que cela ne m'émeuve* : sans que j'en sois ému.
4. *inclination* : affection.
5. *obligé* : reconnaissant.
6. *braves* : tueurs à gages.
7. *tous* : tout (entièrement). Voir « grammaire » à la fin du livre.
8. *échiner* : battre.
9. *ne font non plus de conscience* : n'attachent pas plus d'importance.
10. *raison* : motif.
11. *vos prérogatives du nom de père* : les droits que donne le nom de père.

55 propositions que je lui ai faites d'ajuster l'affaire pour quelque somme ; et il donnera son consentement à rompre le mariage, pourvu que vous lui donniez de l'argent.

ARGANTE.   Et qu'a-t-il demandé ?

60 SCAPIN.   Oh ! d'abord, des choses par-dessus les maisons.

ARGANTE.   Et quoi ?

SCAPIN.   Des choses extravagantes.

ARGANTE.   Mais encore ?

SCAPIN.   Il ne parlait pas moins que de cinq ou six cents
65 pistoles.

ARGANTE.   Cinq ou six cents fièvres quartaines[1] qui le puissent serrer ! Se moque-t-il des gens ?

SCAPIN.   C'est ce que je lui ai dit. J'ai rejeté bien loin de pareilles propositions, et je lui ai bien fait entendre que
70 vous n'étiez point une dupe[2], pour vous demander des cinq ou six cents pistoles. Enfin, après plusieurs discours, voici où s'est réduit le résultat de notre conférence[3]. « Nous voilà au temps, m'a-t-il dit, que je dois partir pour l'armée. Je suis après à[4] m'équiper, et le besoin que j'ai de
75 quelque argent me fait consentir, malgré moi, à ce qu'on me propose. Il me faut un cheval de service[5], et je n'en saurais avoir un qui soit tant soit peu raisonnable[6] à moins de soixante pistoles. »

ARGANTE.   Hé bien ! pour soixante pistoles, je les donne.

80 SCAPIN.   « Il faudra le harnais et les pistolets ; et cela ira bien à vingt pistoles encore. »

ARGANTE.   Vingt pistoles et soixante, ce serait quatre-vingts.

SCAPIN.   Justement.

85 ARGANTE.   C'est beaucoup ; mais soit, je consens à cela.

---

1. *fièvres quartaines* : fièvres qui reviennent tous les quatre jours.
2. *dupe* : personne qui se laisse facilement tromper.
3. *conférence* : conversation.
4. *je suis après à* : je suis en train de.
5. *cheval de service* : cheval pour la guerre.
6. *raisonnable* : convenable.

SCAPIN.   « Il me faut aussi un cheval pour monter mon valet, qui coûtera bien trente pistoles*. »

ARGANTE.   Comment, diantre ! Qu'il se promène ! il n'aura rien du tout.

90 SCAPIN.   Monsieur.

ARGANTE.   Non, c'est un impertinent[1].

SCAPIN.   Voulez-vous que son valet aille à pied ?

ARGANTE.   Qu'il aille comme il lui plaira, et le maître aussi.

SCAPIN.   Mon Dieu ! monsieur, ne vous arrêtez point à
95 peu de chose. N'allez point plaider*, je vous prie, et donnez tout pour vous sauver des mains de la justice.

ARGANTE.   Hé bien ! soit, je me résous* à donner encore ces trente pistoles.

SCAPIN.   « Il me faut encore, a-t-il dit, un mulet pour
100 porter... »

ARGANTE.   Oh ! qu'il aille au diable avec son mulet ! C'en est trop, et nous irons devant les juges.

SCAPIN.   De grâce, monsieur...

ARGANTE.   Non, je n'en ferai rien.

105 SCAPIN.   Monsieur, un petit mulet.

ARGANTE.   Je ne lui donnerais pas seulement un âne.

SCAPIN.   Considérez...

ARGANTE.   Non ! j'aime mieux plaider.

SCAPIN.   Eh ! monsieur, de quoi parlez-vous là, et à quoi
110 vous résolvez-vous ? Jetez les yeux sur les détours de la justice ; voyez combien d'appels[2] et de degrés de juridiction[2], combien de procédures embarrassantes, combien d'animaux ravissants[3] par les griffes desquels il vous faudra passer, sergents, procureurs, avocats, greffiers, substi-
115 tuts, rapporteurs, juges et leurs clercs[4]. Il n'y a pas un de

---

1. *impertinent* : qui n'agit pas bien.
2. *appels, degrés de juridiction, procédures* : allusion aux nombreuses démarches nécessaires pour faire un procès.
3. *ravissants* : voleurs.
4. *sergents, procureurs, avocats, greffiers, substituts, rapporteurs, juges, clercs* : personnes dont le métier a un rapport avec la justice.

tous ces gens-là qui, pour la moindre chose, ne soit capable de donner un soufflet[1] au meilleur droit du monde. Un sergent baillera[2] de faux exploits[3], sur quoi vous serez condamné sans que vous le sachiez. Votre procureur s'entendra avec
120 votre partie[4], et vous vendra à beaux deniers[5] comptants. Votre avocat, gagné de même, ne se trouvera point lorsqu'on plaidera votre cause, ou dira des raisons qui ne feront que battre la campagne[6], et n'iront point au fait. Le greffier délivrera par contumace[7] des sentences et arrêts[8] contre vous. Le
125 clerc du rapporteur soustraira des pièces[9], ou le rapporteur même ne dira pas ce qu'il a vu. Et quand, par les plus grandes précautions du monde, vous aurez paré tout cela, vous serez ébahi[10] que vos juges auront été sollicités[11] contre vous ou par des gens dévots[12] ou par des femmes qu'ils aime-
130 ront. Eh ! monsieur, si vous le pouvez, sauvez-vous de cet enfer-là. C'est être damné dès ce monde que d'avoir à plaider* ; et la seule pensée d'un procès serait capable de me faire fuir jusqu'aux Indes.

ARGANTE.   À combien est-ce qu'il fait monter le mulet ?

135 SCAPIN.   Monsieur, pour le mulet, pour son cheval et celui de son homme, pour le harnais et les pistolets, et pour payer quelque petite chose qu'il doit à son hôtesse, il demande en tout deux cents pistoles*.

ARGANTE.   Deux cents pistoles ?

140 SCAPIN.   Oui.

ARGANTE, *se promenant en colère le long du théâtre.*   Allons, allons, nous plaiderons.

---

1. *soufflet* : gifle.
2. *baillera* : donnera.
3. *exploits* : lettres établies par un huissier faisant état d'une décision de justice.
4. *partie* : adversaire.
5. *à beaux deniers* : pour de l'argent.
6. *battre la campagne* : sortir du sujet.
7. *par contumace* : en votre absence.
8. *sentences et arrêts* : jugements.
9. *pièces* : documents.
10. *ébahi* : étonné.
11. *sollicités* : poussés à agir.
12. *dévots* : religieux.

SCAPIN.   Faites réflexion...

ARGANTE.   Je plaiderai•.

145 SCAPIN.   Ne vous allez point jeter...

ARGANTE.   Je veux plaider.

SCAPIN.   Mais, pour plaider, il vous faudra de l'argent : il vous en faudra pour l'exploit[1] ; il vous en faudra pour le contrôle ; il vous en faudra pour la procuration, pour la
150 présentation, conseils, productions, et journées du procureur ; il vous en faudra pour les consultations et plaidoiries[2] des avocats, pour le droit de retirer le sac[3], et pour les grosses[4] d'écritures ; il vous en faudra pour le rapport des substituts, pour les épices de conclusion[5], pour l'enre-
155 gistrement du greffier, façon d'appointement, sentences et arrêts, contrôles, signatures et expéditions[6] de leurs clercs, sans parler de tous les présents qu'il vous faudra faire. Donnez cet argent-là à cet homme-ci, vous voilà hors d'affaire.

160 ARGANTE.   Comment, deux cents pistoles• ?

SCAPIN.   Oui, vous y gagnerez. J'ai fait un petit calcul en moi-même de tous les frais de la justice ; et j'ai trouvé qu'en donnant deux cents pistoles à votre homme, vous en aurez de reste pour le moins cent cinquante, sans compter les
165 soins[7], les pas, et les chagrins que vous épargnerez. Quand il n'y aurait à essuyer que les sottises que disent devant tout le monde de méchants plaisants d'avocats, j'aimerais mieux donner trois cents pistoles que de plaider.

---

1. *exploit* : voir page précédente.
2. *contrôle, procuration, présentation, conseils, productions, consultation, plaidoieries* : les différentes étapes du procès.
3. *retirer le sac* : acheter toutes les pièces du dossier à la fin du procès (ces papiers étaient placés dans un sac).
4. *grosses* : copies du compte rendu du procès écrites en gros caractères.
5. *épices de conclusion* : taxes versées au juge à la fin du procès (à l'origine, dragées et confitures qui furent ensuite remplacées par de l'argent).
6. *grosses d'écritures, rapport des substituts, enregistrement du greffier, façon d'appointement, sentences et arrêt, contrôles, signatures et expéditions* : ensemble des papiers qui sont rédigés et signés à la fin du procès par différents fonctionnaires de la justice.
7. *soins* : soucis.

ARGANTE. Je me moque de cela, et je défie les avocats de
170 rien dire de moi.

SCAPIN. Vous ferez ce qu'il vous plaira ; mais si j'étais
que de vous, je fuirais les procès.

ARGANTE. Je ne donnerai point deux cents pistoles*.

SCAPIN. Voici l'homme dont il s'agit.

Un spadassin des années 90. Henri de l'Orme dans le spectacle monté par
Dominique Economidès. Ph. Didier Surel.

Questions

Compréhension

1. *En quoi consiste la philosophie de Scapin ? Que recherche-t-il en l'exposant à Argante ?*

2. *Pourquoi Scapin parle-t-il d'abord de 500 à 600 pistoles ?*

3. *D'après cette scène, et en complétant vos informations par d'autres lectures (voir la bibliographie), dites :*
a) *qui étaient ces gens qui composaient l'armée de Louis XIV;*
b) *ce qu'ils devaient faire pour y être admis.*

4. *Examinez attentivement les propos de Scapin sur la justice de son temps :*
a) *Comptez le nombre de professions qui ont un rapport avec la justice.*
b) *Comptez le nombre de fois où il faut payer avant d'arriver au jugement.*
c) *Que peuvent faire le sergent, le procureur, l'avocat, etc., achetés ou influencés par la partie adverse ?*
d) *Quels sont donc les défauts du système judiciaire ainsi mis en valeur ?*
(Toutes ces réponses sont à regrouper dans le dossier n° 3.)

5. *Quels sens donnez-vous à la phrase « j'ai trouvé qu'en donnant deux cents pistoles... cent cinquante » ?*

6. *Scapin a-t-il convaincu Argante ? L'avait-il prévu ? Quelle était son intention dans cette scène ?*
Justifiez votre réponse.

Écriture

7. *Entre les lignes 73 et 100, Scapin fait parler le frère de Hyacinte au style direct : relevez-en les caractéristiques.*

8. *Vous voulez convaincre vos parents de vous laisser faire quelque chose d'un peu dangereux. Quel discours leur tenez-vous ? (Vous vous inspirerez de la façon de procéder de Scapin.)*

Mise en scène

9. *Molière a choisi, dans une partie de cette scène, de mettre dans la bouche de Scapin les paroles du frère de Hyacinte.*

Lisez cet extrait à trois voix (Scapin, le spadassin et Argante) et expliquez l'intérêt de ce choix.

10. *Scapin essaie d'effrayer Argante par son discours. Si vous étiez metteur en scène, comment essaieriez-vous d'effrayer le spectateur par des images illustrant les propos de Scapin ? Par exemple, comment visualiseriez-vous les « animaux ravissants » dont il parle à la ligne 113 ?*

Personnages de la Commedia dell'Arte. Scaramouche qui couronne Arlequin. Musée Carnavalet, cliché Bulloz.

SCÈNE 6. SYLVESTRE, ARGANTE, SCAPIN

SYLVESTRE, *déguisé en spadassin[1]*. Scapin, fais-moi connaître un peu cet Argante, qui est père d'Octave.

SCAPIN.   Pourquoi, monsieur ?

SYLVESTRE.   Je viens d'apprendre qu'il veut me mettre en
5 procès, et faire rompre par justice le mariage de ma sœur.

SCAPIN.   Je ne sais pas s'il a cette pensée ; mais il ne veut point consentir aux deux cents pistoles· que vous voulez, et il dit que c'est trop.

SYLVESTRE.   Par la mort ! par la tête ! par le ventre ! si je
10 le trouve, je le veux échiner·, dussé-je être roué[2] tout vif.

(Argante, pour n'être point vu, se tient, en tremblant, couvert de Scapin.)

SCAPIN.   Monsieur, ce père d'Octave a du cœur, et peut-être ne vous craindra-t-il point.

15 SYLVESTRE.   Lui ? lui ? Par le sang ! par la tête ! s'il était là, je lui donnerais tout à l'heure de l'épée dans le ventre. *(Apercevant Argante.)* Qui est cet homme-là ?

SCAPIN.   Ce n'est pas lui, monsieur, ce n'est pas lui.

SYLVESTRE.   N'est-ce point quelqu'un de ses amis ?

20 SCAPIN.   Non, monsieur, au contraire, c'est son ennemi capital[3].

SYLVESTRE.   Son ennemi capital ?

SCAPIN.   Oui.

SYLVESTRE.   Ah, parbleu ! j'en suis ravi. *(À Argante.)* Vous
25 êtes ennemi, monsieur, de ce faquin[4] d'Argante, eh ?

SCAPIN.   Oui, oui, je vous en réponds.

SYLVESTRE, *secouant la main d'Argante*. Touchez là, touchez. Je vous donne ma parole, et vous jure sur mon hon-

---

1. *spadassin* : tueur à gages, amateur de duels (il a les attributs classiques du guerrier fanfaron : énormes moustaches, panache au chapeau, longue épée, grandes bottes avec éperons, voix sonore).
2. *roué* : condamné au supplice de la roue.
3. *capital* : mortel.
4. *faquin* : vaurien.

30 neur, par l'épée que je porte, par tous les serments que je saurais faire, qu'avant la fin du jour je vous déferai de ce maraud fieffé[1], de ce faquin d'Argante. Reposez-vous sur moi.

SCAPIN.   Monsieur, les violences en ce pays-ci ne sont guère souffertes.

35 SYLVESTRE.   Je me moque de tout, et je n'ai rien à perdre.

SCAPIN.   Il se tiendra sur ses gardes assurément ; et il a des parents, des amis et des domestiques, dont il se fera un secours contre votre ressentiment.

SYLVESTRE.   C'est ce que je demande, morbleu ! c'est ce 40 que je demande. (*Il met l'épée à la main, et pousse de tous les côtés, comme s'il y avait plusieurs personnes devant lui.*) Ah, tête ! ah, ventre ! que ne le trouvé-je à cette heure avec tout son secours ! Que ne paraît-il à mes yeux au milieu de trente personnes ! Que ne les vois-je fondre sur moi les 45 armes à la main ! Comment, marauds, vous avez la hardiesse de vous attaquer à moi ? Allons, morbleu ! tue, point de quartier. (*Poussant de tous les côtés, comme s'il avait plusieurs personnes à combattre.*) Donnons[2]. Ferme. Poussons. Bon pied, bon œil. Ah ! coquins, ah ! canaille, 50 vous en voulez par là ; je vous en ferai tâter votre soûl. Soutenez[3], marauds, soutenez. Allons. À cette botte. À cette autre. À celle-ci. À celle-là. (*Se tournant du côté d'Argante et de Scapin.*) Comment, vous reculez ? Pied ferme, morbleu ! pied ferme.

55 SCAPIN.   Eh, eh, eh ! monsieur, nous n'en sommes pas[4].

SYLVESTRE.   Voilà qui vous apprendra à vous oser jouer à moi[5]. (*Il s'éloigne.*)

SCAPIN.   Hé bien, vous voyez combien de personnes tuées pour deux cents pistoles•. Oh sus ! je vous souhaite 60 une bonne fortune•.

ARGANTE, *tout tremblant*.   Scapin.

---

1. *maraud fieffé* : vraie canaille.
2. *donnons* : attaquons.
3. *soutenez* : tenez bon.
4. *nous n'en sommes pas* : nous ne faisons pas partie de vos ennemis.
5. *vous oser jouer à moi* : oser vous attaquer à moi.

SCAPIN.   Plaît-il ?

ARGANTE.   Je me résous à donner les deux cents pistoles*.

SCAPIN.   J'en suis ravi pour l'amour de vous.

65 ARGANTE.   Allons le trouver, je les ai sur moi.

SCAPIN.   Vous n'avez qu'à me les donner. Il ne faut pas, pour votre honneur, que vous paraissiez là, après avoir passé ici pour autre que ce que vous êtes ; et, de plus, je craindrais qu'en vous faisant connaître, il n'allât s'aviser
70 de vous demander davantage.

ARGANTE.   Oui ; mais j'aurais été bien aise de voir comme je donne mon argent.

SCAPIN.   Est-ce que vous vous défiez de moi ?

ARGANTE.   Non pas, mais.

75 SCAPIN.   Parbleu, monsieur, je suis un fourbe ou je suis honnête homme : c'est l'un des deux. Est-ce que je voudrais vous tromper, et que dans tout ceci j'ai d'autre intérêt que le vôtre et celui de mon maître, à qui vous voulez vous allier ? Si je vous suis suspect, je ne me mêle plus de rien, et vous n'avez
80 qu'à chercher, dès cette heure, qui accommodera vos affaires.

ARGANTE.   Tiens donc.

SCAPIN.   Non, monsieur, ne me confiez point votre argent. Je serai bien aise que vous vous serviez de quelque autre.

85 ARGANTE.   Mon Dieu ! tiens.

SCAPIN.   Non, vous dis-je, ne vous fiez point à moi. Que sait-on si je ne veux point vous attraper votre argent ?

ARGANTE.   Tiens, te dis-je, ne me fais point contester davantage. Mais songe à bien prendre tes sûretés[1] avec lui.

90 SCAPIN.   Laissez-moi faire, il n'a pas affaire à un sot.

ARGANTE.   Je vais t'attendre chez moi.

SCAPIN.   Je ne manquerai pas d'y aller. (Seul.) Et un. Je n'ai qu'à chercher l'autre. Ah, ma foi ! le voici. Il semble que le Ciel, l'un après l'autre, les amène dans mes filets.

---

1. *sûretés* : précautions.

Questions

Compréhension

1. Analysez l'évolution d'Argante :
a) Qu'avait-il décidé juste avant l'entrée de Sylvestre ?
b) Que décide-t-il à la fin de la scène ?
c) À quel moment Argante reprend-il la parole ? Pourquoi ne l'a-t-il pas fait avant ?

2. Cette scène est une scène de « farce » :
a) Cherchez le sens de ce mot dans un dictionnaire.
b) Relevez les caractéristiques de la farce qui se trouvent dans cette scène.

3. « Hé bien !... tués pour deux cents pistoles. » Qu'a d'extraordinaire cette phrase ?

Écriture

4. a) Dans la grande tirade de Sylvestre, analysez : les signes de ponctuation, la longueur des phrases, les modes utilisés, le vocabulaire, et dites quel est l'effet produit : sur Argante et sur le spectateur.
b) Puis imaginez les paroles d'un camarade qui assiste à un match et qui encourage de la voix son équipe. Vous utiliserez les mêmes procédés de style que dans la tirade de Sylvestre.

5. Tant que Sylvestre est sur la scène, Argante ne dit mot : imaginez son monologue intérieur (c'est-à-dire ce qu'il se dit en lui-même).

6. Représentez cette scène sous forme de B.D. (bande dessinée) : vous imaginerez Argante, Scapin et Sylvestre en personnages de notre temps (costumes, accessoires et manières de s'exprimer du XXe siècle).

Mise en scène

7. a) La somme que donne Argante est considérable. Trouvez l'équivalence.
b) Si vous étiez metteur en scène, comment feriez-vous comprendre l'énormité de cette somme ?

8. Jouez la tirade de Sylvestre en « spadassin » d'aujourd'hui. Quel costume allez-vous porter ? De quels accessoires allez-vous vous servir ? Quels instruments de musique pourraient vous accompagner ?

SCÈNE 7. Géronte, Scapin

Scapin, *feignant de ne pas voir Géronte.*   Ô Ciel ! ô disgrâce* imprévue ! ô misérable père ! Pauvre Géronte, que feras-tu ?

Géronte, *à part.*   Que dit-il là de moi, avec ce visage affligé* ?

5 Scapin, *même jeu.*   N'y a-t-il personne qui puisse me dire où est le seigneur Géronte ?

Géronte.   Qu'y a-t-il, Scapin ?

Scapin, *courant sur le théâtre, sans vouloir entendre ni voir Géronte.*   Où pourrai-je le rencontrer, pour lui dire cette
10 infortune ?

Géronte, *courant après Scapin.*   Qu'est-ce que c'est donc ?

Scapin, *même jeu.*   En vain je cours de tous côtés pour le pouvoir trouver.

15 Géronte.   Me voici.

Scapin, *même jeu.*   Il faut qu'il soit caché en quelque endroit qu'on ne puisse point deviner.

Géronte, *arrêtant Scapin.*   Holà ! es-tu aveugle, que tu ne me vois pas ?

20 Scapin.   Ah ! monsieur, il n'y a pas moyen de vous rencontrer.

Géronte.   Il y a une heure que je suis devant toi. Qu'est-ce que c'est donc qu'il y a ?

Scapin.   Monsieur...

Géronte.   Quoi ?

25 Scapin.   Monsieur, votre fils...

Géronte.   Hé bien ! mon fils...

Scapin.   Est tombé dans une disgrâce la plus étrange du monde.

Géronte.   Et quelle ?

30 Scapin.   Je l'ai trouvé tantôt tout triste de je ne sais quoi que vous lui avez dit, où vous m'avez mêlé assez mal à propos ; et, cherchant à divertir¹ cette tristesse, nous nous

---

1. *divertir* : chasser.

sommes allés promener sur le port. Là, entre autres plusieurs choses, nous avons arrêté nos yeux sur une galère
35 turque assez bien équipée. Un jeune Turc de bonne mine
nous a invités d'y entrer, et nous a présenté la main. Nous
y avons passé ; il nous a fait mille civilités[1], nous a donné
la collation[2], où nous avons mangé des fruits les plus
excellents qui se puissent voir, et bu du vin que nous
40 avons trouvé le meilleur du monde.

GÉRONTE.   Qu'y a-t-il de si affligeant à tout cela ?

SCAPIN.   Attendez, monsieur, nous y voici. Pendant que
nous mangions, il a fait mettre la galère en mer, et, se
voyant éloigné du port, il m'a fait mettre dans un esquif[3],
45 et m'envoie vous dire que, si vous ne lui envoyez par moi
tout à l'heure cinq cents écus*, il va vous emmener votre
fils en Alger.

GÉRONTE.   Comment, diantre ! cinq cents écus ?

SCAPIN.   Oui, monsieur ; et, de plus, il ne m'a donné
50 pour cela que deux heures.

GÉRONTE.   Ah ! le pendard de Turc, m'assassiner de la façon[4] !

SCAPIN.   C'est à vous, monsieur, d'aviser promptement
aux moyens de sauver des fers[5] un fils que vous aimez
avec tant de tendresse.

55 GÉRONTE.   Que diable allait-il faire dans cette galère ?

SCAPIN.   Il ne songeait pas à ce qui est arrivé.

GÉRONTE.   Va-t'en, Scapin, va-t'en vite dire à ce Turc que
je vais envoyer la justice après lui.

SCAPIN.   La justice en pleine mer ! Vous moquez-vous des
60 gens ?

GÉRONTE.   Que diable allait-il faire dans cette galère ?

SCAPIN.   Une méchante destinée conduit quelquefois les
personnes.

GÉRONTE.   Il faut, Scapin, il faut que tu fasses ici l'action
65 d'un serviteur fidèle.

---

1. *civilités* : politesses.
2. *collation* : repas léger.
3. *esquif* : barque.
4. *de la façon* : de cette façon.
5. *sauver des fers* : sauver de l'esclavage.

SCAPIN.   Quoi, monsieur ?

GÉRONTE.   Que tu ailles dire à ce Turc qu'il me renvoie mon fils, et que tu te mettes à sa place jusqu'à ce que j'aie amassé la somme qu'il demande.

70   SCAPIN.   Eh ! monsieur, songez-vous à ce que vous dites ? et vous figurez-vous que ce Turc ait si peu de sens, que d'aller recevoir un misérable comme moi à la place de votre fils ?

GÉRONTE.   Que diable allait-il faire dans cette galère ?

SCAPIN.   Il ne devinait pas ce malheur. Songez, monsieur,
75   qu'il ne m'a donné que deux heures.

GÉRONTE.   Tu dis qu'il demande...

SCAPIN.   Cinq cents écus*.

GÉRONTE.   Cinq cents écus ! N'a-t-il point de conscience ?

SCAPIN.   Vraiment oui, de la conscience à un Turc !

80   GÉRONTE.   Sait-il bien ce que c'est que cinq cents écus ?

SCAPIN.   Oui, monsieur, il sait que c'est mille cinq cents livres.

GÉRONTE.   Croit-il, le traître, que mille cinq cents livres se trouvent dans le pas d'un cheval ?

SCAPIN.   Ce sont des gens qui n'entendent point de raison.

85   GÉRONTE.   Mais que diable allait-il faire à cette galère ?

SCAPIN.   Il est vrai ; mais quoi ? on ne prévoyait pas les choses. De grâce, monsieur, dépêchez.

GÉRONTE.   Tiens, voilà la clef de mon armoire.

SCAPIN.   Bon.

90   GÉRONTE.   Tu l'ouvriras.

SCAPIN.   Fort bien.

GÉRONTE.   Tu trouveras une grosse clef du côté gauche, qui est celle de mon grenier.

SCAPIN.   Oui.

95   GÉRONTE.   Tu iras prendre toutes les hardes[1] qui sont dans cette grande manne[2], et tu les vendras aux fripiers[3] pour aller racheter mon fils.

---

1. *hardes* : vieux vêtements.
2. *manne* : panier d'osier.
3. *fripier* : marchand de vieux vêtements.

SCAPIN, *en lui rendant la clef.*   Eh ! monsieur, rêvez-vous ?
Je n'aurais pas cent francs de tout ce que vous dites ; et, de
100 plus, vous savez le peu de temps qu'on m'a donné.

GÉRONTE.   Mais que diable allait-il faire à cette galère ?

SCAPIN.   Oh ! que de paroles perdues ! Laissez là cette
galère, et songez que le temps presse, et que vous courez
risque de perdre votre fils. Hélas ! mon pauvre maître,
105 peut-être que je ne te verrai de ma vie, et qu'à l'heure que
je parle, on t'emmène esclave en Alger. Mais le Ciel me
sera témoin que j'ai fait pour toi tout ce que j'ai pu, et que
si tu manques à être racheté, il n'en faut accuser que le
peu d'amitié[1] d'un père.

110 GÉRONTE.   Attends, Scapin, je m'en vais quérir cette
somme.

SCAPIN.   Dépêchez-vous donc vite, monsieur, je tremble
que l'heure ne sonne.

GÉRONTE.   N'est-ce pas quatre cents écus que tu dis ?

115 SCAPIN.   Non, cinq cents écus.

GÉRONTE.   Cinq cents écus ?

SCAPIN.   Oui.

GÉRONTE.   Que diable allait-il faire à cette galère ?

SCAPIN.   Vous avez raison. Mais hâtez-vous.

120 GÉRONTE.   N'y avait-il point d'autre promenade ?

SCAPIN.   Cela est vrai. Mais faites promptement.

GÉRONTE.   Ah, maudite galère !

SCAPIN, *à part.*   Cette galère lui tient au cœur.

GÉRONTE.   Tiens, Scapin, je ne me souvenais pas que je
125 viens justement de recevoir cette somme en or, et je ne
croyais pas qu'elle dût m'être si tôt ravie[2]. (*Il lui présente sa
bourse, qu'il ne laisse pourtant pas aller ; et, dans ses transports*[3], *il fait aller son bras de côté et d'autre, et Scapin le sien
pour avoir la bourse.*) Tiens ! Va-t'en racheter mon fils.

130 SCAPIN, *tendant la main.*   Oui, monsieur.

---

1. *amitié* : affection.
2. *ravie* : enlevée.
3. *transports* : agitation.

GÉRONTE, *retenant la bourse qu'il fait semblant de vouloir donner à Scapin.* Mais dis à ce Turc que c'est un scélérat.

SCAPIN, *tendant toujours la main.* Oui.

GÉRONTE, *même jeu.* Un infâme.

135 SCAPIN. Oui.

GÉRONTE, *même jeu.* Un homme sans foi, un voleur.

SCAPIN. Laissez-moi faire.

GÉRONTE, *même jeu.* Qu'il me tire cinq cents écus[*] contre toute sorte de droit.

140 SCAPIN. Oui.

GÉRONTE, *même jeu.* Que je ne les lui donne ni à la mort ni à la vie.

SCAPIN. Fort bien.

GÉRONTE. Et que, si jamais je l'attrape, je saurai me ven-
145 ger de lui.

SCAPIN. Oui.

GÉRONTE, *remettant sa bourse dans sa poche et s'en allant.* Va, va vite requérir mon fils.

SCAPIN, *allant après lui.* Holà ! monsieur.

150 GÉRONTE. Quoi ?

SCAPIN. Où est donc cet argent ?

GÉRONTE. Ne te l'ai-je pas donné ?

SCAPIN. Non, vraiment, vous l'avez remis dans votre poche.

GÉRONTE. Ah ! c'est la douleur qui me trouble l'esprit.

155 SCAPIN. Je le vois bien.

GÉRONTE. Que diable allait-il faire dans cette galère ? Ah, maudite galère ! traître de Turc à tous les diables !

SCAPIN, *seul.* Il ne peut digérer les cinq cents écus[*] que je lui arrache ; mais il n'est pas quitte envers moi, et je
160 veux qu'il me paie en une autre monnaie l'imposture[1] qu'il m'a faite auprès de son fils.

---

1. *imposture* : trahison.

Compréhension

1. *Dans quel état d'esprit Scapin veut-il mettre Géronte au début de la scène ? Y parvient-il ? Quelle(s) répliques(s) le montre(nt) ?*

2. *À quel sentiment Scapin veut-il faire appel chez Géronte en racontant la mésaventure de son fils ?*

3. *Dans cette scène, des Turcs sont censés voler et emmener en esclavage à Alger un jeune homme de bonne famille. Est-ce vraisemblable ? Renseignez-vous auprès de votre professeur d'histoire.*

4. *Cette scène est justement célèbre par le fameux : « Que diable allait-il faire dans cette galère ? ».*
a) *Combien de fois Géronte répète-t-il cette expression ?*
b) *Pourquoi ?*
c) *Quel est l'effet produit ?*

5. *La réplique de Géronte, ligne 48 : « Comment, diantre ! cinq cents écus ? » n'est-elle pas choquante ? Quel défaut révèle-t-elle ?*

6. *Quelles sont les solutions imaginées par Géronte pour éviter de donner les cinq cents écus ?*

7. *« Ah ! C'est la douleur qui me trouble l'esprit. »*
Comment peut-on interpréter cette phrase ?

Écriture

8. *Lignes 25 à 47.*
a) *Transposez ce passage au présent, puis au passé simple.*
b) *Quel changement de sens observez-vous dans l'un et l'autre cas ?*

9. *« Que diable allait-il faire dans cette galère ? »*
Imaginez un dialogue où une phrase analogue se répétera de la même façon pour traduire le désir impossible de revenir en arrière, en entendant le récit d'une mésaventure.

Mise en scène

10. *Molière n'a pas écrit que des farces. Certaines de ses pièces ne sont pas très comiques : Dom Juan, Le*

Misanthrope, Le Tartuffe, etc. Essayez de jouer cette scène sur le mode tragique et dites ce que vous en pensez.

11. *À deux, improvisez une scène où l'un d'entre vous apprendra à l'autre une nouvelle qui le perturbera beaucoup parce qu'elle l'obligera à faire quelque chose qu'il n'a pas du tout envie de faire.*

Comparez ensuite votre improvisation avec la scène de Molière.

Personnage de la comédie italienne. Gravure Jacques Callot (1592-1635). Bibliothèque nationale, cliché Bulloz.

SCÈNE 8. Octave, Léandre, Scapin

Octave.   Hé bien ! Scapin, as-tu réussi pour moi dans ton entreprise ?

Léandre.   As-tu fait quelque chose pour tirer mon amour de la peine où il est ?

5 Scapin, *à Octave.*   Voilà deux cents pistoles* que j'ai tirées de votre père.

Octave.   Ah ! que tu me donnes de joie !

Scapin, *à Léandre.*   Pour vous, je n'ai pu faire rien.

Léandre *veut s'en aller.*   Il faut donc que j'aille mourir ; et
10 je n'ai que faire de vivre, si Zerbinette m'est ôtée.

Scapin.   Holà, holà ! tout doucement. Comme diantre vous allez vite !

Léandre *se retourne.*   Que veux-tu que je devienne ?

Scapin.   Allez, j'ai votre affaire ici.

15 Léandre *revient.*   Ah ! tu me redonnes la vie.

Scapin.   Mais à condition que vous me permettrez à moi une petite vengeance contre votre père, pour le tour qu'il m'a fait.

Léandre.   Tout ce que tu voudras.

20 Scapin.   Vous me le promettez devant témoin ?

Léandre.   Oui.

Scapin.   Tenez, voilà cinq cents écus*.

Léandre.   Allons en promptement acheter celle que j'adore.

Compréhension

1. *Comment Scapin se venge-t-il de Léandre ?*

2. *En quoi consiste le marché entre Scapin et Léandre ? Que pensez-vous de Léandre ?*

Écriture

3. *Qu'ont de commun, dans leur tournure, les deux premières répliques ? Pourquoi ?*

Mise en scène

4. *Comment imaginez-vous la sortie de Scapin (décor, musique, lumière, attitudes des acteurs) ?*

Bilan

L'action

• *Ce que nous savons*

Scapin a réussi à soutirer deux cents pistoles à Argante et cinq cents écus à Géronte : il a persuadé l'un, avec l'aide de Sylvestre déguisé en spadassin, de donner cette somme plutôt que de plaider ; il a convaincu l'autre en lui faisant croire que des Turcs avaient enlevé son fils et qu'ils réclamaient cette somme pour sa libération.

Argante a décidé de renoncer à son procès et de donner deux cents pistoles au frère de Hyacinte pour que soit rompu le mariage d'Octave.

Scapin est d'ores et déjà l'auteur de cinq fourberies ; trois avouées : le vol du vin, le vol de la montre, le loup-garou ; deux accomplies sur scène : le vol des deux cents pistoles à Argante, le vol des cinq cents écus à Géronte.

• *Ce que nous ignorons*

1. *Que va faire Scapin pour se venger de Géronte ?*

2. *Que feront Géronte et Argante quand ils s'apercevront que Scapin les a trompés.*

3. *Quand la fille de Géronte arrivera-t-elle ?*

Les personnages

• *Ce que nous savons*

Dans cet acte, nous avons fait la connaissance de Géronte et Léandre.

4. *Un seul personnage reste à découvrir : lequel ?*

Scapin veut se venger de Géronte qui a alerté Léandre et qui est donc responsable des aveux que Scapin a été obligé de faire à son maître.

Léandre accepte immédiatement le marché de Scapin parce que le temps presse s'il veut retrouver Zerbinette, et qu'il n'aime pas beaucoup son père ? (d'ailleurs, Géronte est-il vraiment son père ? Cf. acte II, scène 4 : « l'opinion de tout le monde, qui veut qu'il ne soit votre père que pour la forme »).

> • *Ce que nous ignorons*
>
> *Comment Scapin va-t-il s'y prendre pour sauver:*
> *– les amours de Léandre et Zerbinette ?*
> *– le mariage d'Octave et Hyacinte ?*
>
> • *Un troisième dossier a été ouvert : « La vie quotidienne au XVIIe siècle ».*
>
> • *N'oubliez pas de le compléter ainsi que les deux autres : « Le masque à travers les âges, à travers les pays » et « Le portrait de Scapin ».*

Lydia Verec et Pascal Laurent, dans les rôles de Hyacinte et Octave, dans le spectacle monté par Dominique Economidès (1990). Ph. A. Garnier.

ACTE III

SCÈNE PREMIÈRE. ZERBINETTE, HYACINTE, SCAPIN, SYLVESTRE

SYLVESTRE.   Oui, vos amants[1] ont arrêté[2] entre eux que vous fussiez ensemble ; et nous nous acquittons de l'ordre qu'ils nous ont donné.

HYACINTE, *à Zerbinette*.   Un tel ordre n'a rien qui ne me
5 soit fort agréable. Je reçois avec joie une compagne de la sorte ; et il ne tiendra pas à moi que l'amitié qui est entre les personnes que nous aimons ne se répande entre nous deux.

ZERBINETTE.   J'accepte la proposition, et ne suis point
10 personne à reculer lorsqu'on m'attaque d'amitié[3].

SCAPIN.   Et lorsque c'est d'amour qu'on vous attaque ?

ZERBINETTE.   Pour l'amour, c'est une autre chose : on y court un peu plus de risque, et je n'y suis pas si hardie.

SCAPIN.   Vous l'êtes, que je crois, contre mon maître
15 maintenant ; et ce qu'il vient de faire pour vous doit vous donner du cœur pour répondre comme il faut à sa passion.

ZERBINETTE.   Je ne m'y fie encore que de la bonne sorte[4] ; et ce n'est pas assez pour m'assurer[5] entièrement, que ce
20 qu'il vient de faire. J'ai l'humeur enjouée, et sans cesse je ris ; mais, tout en riant, je suis sérieuse sur de certains chapitres et ton maître s'abusera[6], s'il croit qu'il lui suffise de m'avoir achetée pour me voir toute à lui. Il doit lui en coûter autre chose que de l'argent ; et, pour répondre à

---

1. *amants* : amoureux.
2. *arrêté* : décidé.
3. *on m'attaque d'amitié* : on me propose son amitié.
4. *Je ne m'y fie que de la bonne sorte* : je n'ai confiance en lui que si je suis sûre qu'il a de bonnes intentions.
5. *m'assurer* : me rassurer.
6. *s'abusera* : se trompera.

25 son amour de la manière qu'il souhaite, il me faut un don
de sa foi[1] qui soit assaisonné de certaines cérémonies
qu'on trouve nécessaires.

SCAPIN. C'est là aussi comme il l'entend*. Il ne prétend à
vous qu'en tout bien et en tout honneur ; et je n'aurais
30 pas été homme à me mêler de cette affaire, s'il avait une
autre pensée.

ZERBINETTE. C'est ce que je veux croire, puisque vous
me le dites ; mais du côté du père, j'y prévois des empê-
chements.

35 SCAPIN. Nous trouverons moyen d'accommoder* les
choses.

HYACINTE, à Zerbinette. La ressemblance de nos destins
doit contribuer encore à faire naître notre amitié ; et nous
nous voyons toutes deux dans les mêmes alarmes, toutes
40 deux exposées à la même infortune.

ZERBINETTE. Vous avez cet avantage, au moins, que vous
savez de qui vous êtes née, et que l'appui de vos parents,
que vous pouvez faire connaître, est capable d'ajuster
tout, peut assurer votre bonheur, et faire donner un
45 consentement au mariage qu'on trouve fait. Mais pour
moi, je ne rencontre aucun secours dans ce que je puis
être, et l'on me voit dans un état qui n'adoucira pas les
volontés d'un père qui ne regarde que le bien[2].

HYACINTE. Mais aussi avez-vous cet avantage, que l'on
50 ne tente point par un autre parti[3] celui que vous aimez.

ZERBINETTE. Le changement du cœur d'un amant n'est
pas ce qu'on peut le plus craindre. On se peut naturelle-
ment croire assez de mérite pour garder sa conquête ; et
ce que je vois de plus redoutable dans ces sortes d'affaires,
55 c'est la puissance paternelle, auprès de qui tout le mérite
ne sert de rien.

---

1. *foi* : amour fidèle.
2. *bien* : fortune.
3. *parti* : jeune fille de bonne famille, bonne à marier.

HYACINTE.   Hélas ! pourquoi faut-il que de justes inclina-
tions se trouvent traversées[1] ? La douce chose que d'aimer,
lorsque l'on ne voit point d'obstacle à ces aimables chaînes
60 dont deux cœurs se lient ensemble !

SCAPIN.   Vous vous moquez. La tranquillité en amour est
un calme désagréable ; un bonheur tout uni nous devient
ennuyeux ; il faut du haut et du bas dans la vie ; et les difficultés qui se mêlent aux choses réveillent les ardeurs,
65 augmentent les plaisirs.

ZERBINETTE.   Mon Dieu, Scapin, fais-nous un peu ce
récit, qu'on m'a dit qui est si plaisant, du stratagème dont
tu t'es avisé pour tirer de l'argent de ton vieillard avare. Tu
sais qu'on ne perd point sa peine lorsqu'on me fait un
70 conte, et que je le paie assez bien par la joie qu'on m'y voit
prendre.

SCAPIN.   Voilà Sylvestre qui s'en acquittera aussi bien que
moi. J'ai dans la tête certaine petite vengeance, dont je vais
goûter le plaisir.

75 SYLVESTRE.   Pourquoi, de gaieté de cœur, veux-tu chercher à t'attirer de méchantes affaires ?

SCAPIN.   Je me plais à tenter des entreprises hasardeuses.

SYLVESTRE.   Je te l'ai déjà dit, tu quitterais le dessein* que
tu as, si tu m'en voulais croire.

80 SCAPIN.   Oui, mais c'est moi que j'en croirai.

SYLVESTRE.   À quoi diable te vas-tu amuser ?

SCAPIN.   De quoi diable te mets-tu en peine ?

SYLVESTRE.   C'est que je vois que sans nécessité tu vas
courir risque de t'attirer une venue[2] de coups de bâton.

85 SCAPIN.   Hé bien ! c'est aux dépens de mon dos, et non
pas du tien.

SYLVESTRE.   Il est vrai que tu es maître de tes épaules, et
tu en disposeras comme il te plaira.

---

1. *traversées* : gênées.
2. *venue* : volée.

SCAPIN.   Ces sortes de périls ne m'ont jamais arrêté, et je
90 hais ces cœurs pusillanimes[1] qui, pour trop prévoir les
suites des choses, n'osent rien entreprendre.

ZERBINETTE, *à Scapin*.   Nous aurons besoin de tes soins.

SCAPIN.   Allez, je vous irai bientôt rejoindre. Il ne sera
pas dit qu'impunément[2] on m'ait mis en état de me trahir
95 moi-même et de découvrir des secrets qu'il était bon
qu'on ne sût pas.

Marie Vinoy (Zerbinette) et Lydia Verec (Hyacinte). Spectacle Ecla Théâtre
1990. Ph. Didier Surel.

1. *pusillanimes :* faibles.
2. *impunément :* sans être puni.

Compréhension

1. a) *Sur quels sujets les personnages commencent-ils à discuter ?*
b) *Quel autre sujet est ensuite abordé ?*
c) *Quelle est la réplique qui sert de transition ?*

2. *Citez la phrase où Zerbinette se présente.*

3. *Quelle conception Hyacinte a-t-elle du bonheur ?*

4. *Et Scapin ? Parle-t-il en fourbe ou s'exprime-t-il sincèrement ? Quelle est sa façon de voir la vie ?*

5. *De qui vous sentez-vous le plus proche : de Hyacinte ou de Scapin ? Pourquoi ?*

Écriture

6. *Réécrivez cette scène, en ne gardant que les répliques qui concernent l'action. Quel constat faites-vous ?*

7. a) *Relevez les phrases qui s'apparentent à des proverbes ou sont simplement des réflexions sur la vie.*
b) *À quels procédés d'écriture les reconnaît-on ?*

8. *Associations libres.*
a) *Prenez deux grandes feuilles. Au centre de l'une d'elles écrivez « vie paisible » et sur l'autre « vie d'aventures ». Entourez d'un cercle chacune de ces expressions, puis notez autour, dans le désordre, les mots ou bouts de phrases qui vous viennent à l'esprit.*
b) *Puis imaginez et rédigez un dialogue entre un camarade et vous sur le genre de vie que vous aurez plus tard, l'un recherchant une vie paisible, l'autre ne rêvant que de risques et d'aventures.*

Mise en scène

9. *Si vous étiez habilleuse ou maquilleuse, que feriez-vous pour que l'on distingue Hyacinte de Zerbinette dès leur entrée en scène ?*

SCÈNE 2. Géronte, Scapin

GÉRONTE.   Hé bien, Scapin, comment va l'affaire de mon fils ?

SCAPIN.   Votre fils, monsieur, est en lieu de sûreté*, mais vous courez maintenant, vous, le péril le plus grand du
5 monde, et je voudrais pour beaucoup que vous fussiez dans votre logis.

GÉRONTE.   Comment donc ?

SCAPIN.   À l'heure que je parle, on vous cherche de toutes parts pour vous tuer.

10 GÉRONTE.   Moi ?

SCAPIN.   Oui.

GÉRONTE.   Et qui ?

SCAPIN.   Le frère de cette personne qu'Octave a épousée. Il croit que le dessein* que vous avez de mettre votre fille
15 à la place que tient sa sœur est ce qui pousse le plus fort à faire rompre leur mariage ; et, dans cette pensée, il a résolu hautement[1] de décharger son désespoir sur vous et vous ôter la vie pour venger son honneur. Tous ses amis, gens d'épée comme lui, vous cherchent de tous les côtés,
20 et demandent de vos nouvelles. J'ai vu même deçà et delà des soldats de sa compagnie qui interrogent ceux qu'ils trouvent, et occupent par pelotons toutes les avenues[2] de votre maison. De sorte que vous ne sauriez aller chez vous, vous ne sauriez faire un pas ni à droit ni à gauche,
25 que vous ne tombiez dans leurs mains.

GÉRONTE.   Que ferai-je, mon pauvre Scapin ?

SCAPIN.   Je ne sais pas, monsieur, et voici une étrange affaire. Je tremble pour vous depuis les pieds jusqu'à la tête, et... Attendez. (*Il se retourne, et fait semblant d'aller*
30 *voir au bout du théâtre s'il n'y a personne.*)

GÉRONTE, *en tremblant.*   Eh ?

---

1. *hautement* : fermement.
2. *avenues* : accès.

SCAPIN, *en revenant.* Non, non, non, ce n'est rien.

GÉRONTE. Ne saurais-tu trouver quelque moyen pour me tirer de peine ?

35 SCAPIN. J'en imagine bien un ; mais je courrais risque, moi, de me faire assommer.

GÉRONTE. Eh ! Scapin, montre-toi serviteur zélé. Ne m'abandonne pas, je te prie.

SCAPIN. Je le veux bien. J'ai une tendresse pour vous qui
40 ne saurait souffrir que je vous laisse sans secours.

GÉRONTE. Tu en seras récompensé, je t'assure ; et je te promets cet habit-ci, quand je l'aurai un peu usé.

SCAPIN. Attendez. Voici une affaire[1] que je me suis trouvée fort à propos pour vous sauver. Il faut que vous vous
45 mettiez dans ce sac, et que...

GÉRONTE, *croyant voir quelqu'un.* Ah !

SCAPIN. Non, non, non, non, ce n'est personne. Il faut, dis-je, que vous vous mettiez là dedans, et que vous gardiez[2] de remuer en aucune façon. Je vous chargerai sur
50 mon dos, comme un paquet de quelque chose, et je vous porterai ainsi, au travers de vos ennemis, jusque dans votre maison, où, quand nous serons une fois, nous pourrons nous barricader et envoyer quérir main-forte contre la violence.

55 GÉRONTE. L'invention est bonne.

SCAPIN. La meilleure du monde. Vous allez voir. *(À part.)* Tu me paieras l'imposture.

GÉRONTE. Eh ?

SCAPIN. Je dis que vos ennemis seront bien attrapés.
60 Mettez-vous bien jusqu'au fond, et surtout prenez garde de ne vous point montrer, et de ne branler[3] pas, quelque chose qui puisse arriver.

GÉRONTE. Laisse-moi faire. Je saurai me tenir...

SCAPIN. Cachez-vous : voici un spadassin qui vous

---

1. *affaire* : chose.
2. *vous gardiez* : vous évitiez.
3. *branler :* bouger.

65 cherche. (*En contrefaisant sa voix.*) « Quoi ! jé n'aurai pas
l'abantage[1] dé tuer cé Géronte et quelqu'un par charité né
m'enseignera pas où il est ? » (*À Géronte, de sa voix ordinaire.*) Ne branlez pas. (*Reprenant son ton contrefait.*)
« Cadédis[2] ! jé lé trouberai, sé cachât-il au centre dé la
70 terre. » (*À Géronte, avec son ton naturel.*) Ne vous montrez
pas. (*Tout le langage gascon est supposé de celui qu'il contrefait, et le reste de lui.*) « Oh, l'homme au sac ! — Monsieur.
— Jé té vaille[3] un louis, et m'enseigne où put être
Géronte. — Vous cherchez le seigneur Géronte ? — Oui,
75 mordi ! jé lé cherche. — Et pour quelle affaire, monsieur ?
— Pour quelle affaire ? — Oui. — Jé beux, cadédis ! lé
faire mourir sous les coups de vaton. — Oh ! monsieur,
les coups de bâton ne se donnent point à des gens comme
lui, et ce n'est pas un homme à être traité de la sorte. —
80 Qui, cé fat[4] dé Géronte, cé maraud*, cé vélître[5] ? — Le seigneur Géronte, monsieur, n'est ni fat, ni maraud, ni
belître, et vous devriez, s'il vous plaît, parler d'autre façon
— Comment, tu mé traîtes, à moi, avec cette hautur ? —
Je défends, comme je dois, un homme d'honneur qu'on
85 offense. — Est-ce que tu es des amis dé cé Géronte ? —
Oui, monsieur, j'en suis. — Ah ! cadédis ! tu es de ses
amis, à la vonne hure ! (*Il donne plusieurs coups de bâton
sur le sac.*) Tiens ! boilà cé que jé té vaille pour lui. — Ah,
ah, ah, ah, monsieur ! Ah, ah, monsieur ! tout beau ! Ah,
90 doucement, ah, ah, ah ! — Va, porte-lui cela de ma part.
Adiusias[6] ! » Ah ! diable soit le Gascon ! Ah ! (*En se plai-
gnant et remuant le dos, comme s'il avait reçu les coups de
bâton.*)

GÉRONTE, *mettant la tête hors du sac.*   Ah ! Scapin, je n'en
95 puis plus.

SCAPIN.   Ah ! monsieur, je suis tout moulu, et les épaules
me font un mal épouvantable.

---

1. *abantage* : avantage (remplacement des *v* par des *b*, ou des *b* par des *v*
pour donner l'illusion du parler gascon).
2. *Cadédis* : tête de Dieu (juron).
3. *vaille = baille* : donne.
4. *fat* : sot.
5. *vélître = belître* : fainéant (injure).
6. *Adiusias* : salut.

GÉRONTE.   Comment ? c'est sur les miennes qu'il a frappé.

100 SCAPIN.   Nenni, monsieur, c'était sur mon dos qu'il frappait.

GÉRONTE.   Que veux-tu dire ? J'ai bien senti les coups, et les sens bien encore.

SCAPIN.   Non, vous dis-je, ce n'était que le bout du bâton
105 qui a été jusque sur vos épaules.

GÉRONTE.   Tu devais donc te retirer un peu plus loin, pour m'épargner...

SCAPIN *lui remet la tête dans le sac.*   Prenez garde. En voici un autre qui a la mine d'un étranger. (*Cet endroit est de
110 même celui du Gascon pour le changement de langage, et le jeu de théâtre.*) « Parti[1] ! moi courir comme une Basque[2], et moi ne pouvre[3] point troufair[4] de tout le jour sti tiable[5] de Gironte ? » (*À Géronte, avec sa voix ordinaire.*) Cachez-vous bien. « Dites-moi un peu fous, monsir l'homme, s'il ve
115 plaît, fous savoir point où l'est sti Gironte que moi cherchair ? — Non, monsieur, je ne sais point où est Géronte.
— Dites-moi-le fous frenchemente, moi li fouloir pas grande chose à lui. L'est seulemente pou li donnair un petite régale sur le dos d'une douzaine de coups de bâton-
120 ne, et de trois ou quatre petites coups d'épée au trafers de son poitrine. — Je vous assure, monsieur, que je ne sais pas où il est. — Il me semble que j'y fois remuair quelque chose dans sti sac. — Pardonnez-moi, monsieur. — Li est assurémente quelque histoire là-tetans. — Point du tout,
125 monsieur. — Moi l'avoir enfie de tonner ain coup d'épée dans ste sac. — Ah ! monsieur, gardez-vous-en bien.— Montre-le-moi un peu fous ce que c'être là. — Tout beau ! monsieur. — Quement, tout beau ? — Vous n'avez que faire de vouloir voir ce que je porte. — Et moi, je le fou-
130 loir foir, moi. — Vous ne le verrez point. — Ahi, que de

---

1. *Parti* : pardi (remplacement des *d* par des *t*).
2. *Courir comme une Basque = courir comme un Basque* : courir vite (proverbe).
3. *pouvre* : pouvoir.
4. *troufair* : trouver (remplacement des *v* par des *f*).
5. *sti tiable* : ce diable.

badinemente ! — Ce sont hardes qui m'appartiennent. — Montre-moi fous, te dis-je. — Je n'en ferai rien. — Toi ne faire rien ? — Non. — Moi pailler de ste bâtonne dessus les épaules de toi. — Je me moque de cela. — Ah ! toi
135 faire le trole ! — *(Donnant des coups de bâton sur le sac et criant comme s'il les recevait.)* — Ahi, ahi, ahi, Ah ; monsieur, ah, ah, ah, ah ! — Jusqu'au refoir. L'être là un petit leçon pour li apprendre à toi à parlair insolentemente. » Ah ! peste soit du baragouineux ! Ah !

140 GÉRONTE, *sortant la tête du sac.*   Ah ! je suis roué[1].

SCAPIN.   Ah ! je suis mort.

GÉRONTE.   Pourquoi diantre faut-il qu'ils frappent sur mon dos ?

SCAPIN, *lui remettant la tête dans le sac.*   Prenez garde,
145 voici une demi-douzaine de soldats tout ensemble. *(Il contrefait plusieurs personnes ensemble.)* « Allons, tâchons à trouver ce Géronte, cherchons partout. N'épargnons point nos pas. Courons toute la ville. N'oublions aucun lieu. Visitons tout. Furetons de tous les côtés. Par où irons-
150 nous ? Tournons par là. Non, par ici. À gauche. À droit. Nenni. Si fait. » *(À Géronte, avec sa voix ordinaire.)* Cachez-vous bien. « Ah ! camarades, voici son valet. Allons, coquin, il faut que tu nous enseignes où est ton maître. — Eh ! messieurs, ne me maltraitez point. — Allons, dis-
155 nous où il est. Parle. Hâte-toi. Expédions. Dépêche vite. Tôt. — Eh ! messieurs, doucement. *(Géronte met doucement la tête hors du sac et aperçoit la fourberie de Scapin.)* —Si tu ne nous fais trouver ton maître tout à l'heure, nous allons faire pleuvoir sur toi une ondée de coups de
160 bâton. — J'aime mieux souffrir toute chose que de vous découvrir mon maître. — Nous allons t'assommer. — Faites tout ce qu'il vous plaira. — Tu as envie d'être battu ? — Je ne trahirai point mon maître. — Ah ! tu en veux tâter ? Voilà... » Oh ! *(Comme il est prêt de frapper,*
165 *Géronte sort du sac et Scapin s'enfuit.)*

GÉRONTE.   Ah, infâme ! Ah, traître ! Ah, scélérat ! C'est ainsi que tu m'assassines !

---

1. *je suis roué* : j'ai mal partout.

Compréhension

1. *Quel sentiment le comportement de Géronte trahit-il ?*

2. *En quoi la façon dont Scapin persuade Géronte de se glisser dans le sac est-elle comique et très habile ? Quelles sont les répliques qui le montrent ? Expliquez leur double sens.*

3. *Le spectateur rit-il toujours de bon cœur quand Géronte est malmené et quand Scapin est découvert ?*

4. *Cette scène a parfois été reprochée à Molière, notamment par son ami Boileau qui a critiqué l'invraisemblance du « sac ». Qu'en pensez-vous ?*

5. *Cette scène est typiquement une scène de farce comme nous en avons déjà rencontré une dans l'acte II.*
a) *De quelle scène de l'acte II s'agit-il ?*
b) *Quels procédés comiques ont-elles en commun ?*
c) *Quel autre procédé est utilisé dans la scène 2 de l'acte III ?*

Écriture

6. *La richesse du style de Molière vient de ce qu'il sait mettre dans la bouche de ses personnages un langage approprié. Comment cette variété se traduit-elle ici ? Justifiez votre réponse en citant le texte.*

7. *À votre tour, variez votre style. Racontez le même incident trois fois :*
– *décrit par la personne qui en a été la victime et qui en est encore émue ;*
– *décrit par un agent de police dans son rapport ;*
– *décrit par un poète (vous pouvez même essayer de faire des vers).*

Mise en scène

8. a) *Dans sa dernière tirade, combien Scapin joue-t-il de personnages différents ?*
b) *Si vous étiez le comédien qui joue Scapin, comment vous y prendriez-vous pour jouer tous ces rôles ?*

9. *Quel comportement peut avoir Géronte seul en scène entre le départ de Scapin et l'entrée de Zerbinette ?*

SCÈNE 3. Zerbinette, Géronte

Zerbinette, *en riant, sans voir Géronte.*   Ah, ah, je veux prendre un peu l'air.

Géronte, *se croyant seul.*   Tu me le payeras, je te jure.

Zerbinette, *sans voir Géronte.*   Ah, ah, ah, ah, la plaisan-
5 te histoire ! et la bonne dupe˙ que ce vieillard !

Géronte.   Il n'y a rien de plaisant à cela, et vous n'avez que faire d'en rire.

Zerbinette.   Quoi ? que voulez-vous dire, monsieur ?

Géronte.   Je veux dire que vous ne devez pas vous
10 moquer de moi.

Zerbinette.   De vous ?

Géronte.   Oui.

Zerbinette.   Comment ? qui songe à se moquer de vous ?

15 Géronte.   Pourquoi venez-vous ici me rire au nez ?

Zerbinette.   Cela ne vous regarde˙ point, et je ris toute seule d'un conte qu'on vient de me faire, le plus plaisant qu'on puisse entendre. Je ne sais pas si c'est parce que je suis intéressée dans la chose, mais je n'ai jamais trouvé
20 rien de si drôle qu'un tour qui vient d'être joué par un fils à son père, pour en attraper de l'argent.

Géronte.   Par un fils à son père, pour en attraper de l'argent ?

Zerbinette.   Oui. Pour peu que vous me pressiez, vous
25 me trouverez assez disposée à vous dire l'affaire, et j'ai une démangeaison naturelle à faire part des contes que je sais.

Géronte.   Je vous prie de me dire cette histoire.

Zerbinette.   Je le veux bien. Je ne risquerai pas grand-chose à vous la dire, et c'est une aventure qui n'est pas
30 pour être longtemps secrète. La destinée a voulu que je me trouvasse parmi une bande de ces personnes qu'on appelle Égyptiens, et qui, rôdant de province en province, se mêlent de dire la bonne fortune¹, et quelquefois de

---

1. *bonne fortune :* bonne aventure.

beaucoup d'autres choses. En arrivant dans cette ville, un
35 jeune homme me vit et conçut pour moi de l'amour. Dès
ce moment, il s'attache à mes pas, et le voilà d'abord
comme tous les jeunes gens, qui croient qu'il n'y a qu'à
parler, et qu'au moindre mot qu'ils nous disent, leurs
affaires sont faites ; mais il trouva une fierté[1] qui lui fit un
40 peu corriger ses premières pensées. Il fit connaître sa passion aux gens qui me tenaient, et il les trouva disposés à
me laisser à lui moyennant quelque somme. Mais le mal
de l'affaire était que mon amant se trouvait dans l'état où
l'on voit très souvent la plupart des fils de famille, c'est-à-
45 dire qu'il était un peu dénué[2] d'argent ; et il a un père qui,
quoique riche, est un avaricieux fieffé[3], le plus vilain[4]
homme du monde. Attendez. Ne me saurais-je souvenir
de son nom ? Hai ! Aidez-moi un peu. Ne pouvez-vous me
nommer quelqu'un de cette ville qui soit connu pour être
50 avare au dernier point ?

GÉRONTE. Non.

ZERBINETTE. Il y a à son nom du ron... ronte. Or...
Oronte. Non. Gé... Géronte. Oui, Géronte, justement ;
voilà mon vilain, je l'ai trouvé, c'est ce ladre[5]-là que je dis.
55 Pour venir à notre conte, nos gens ont voulu aujourd'hui
partir de cette ville ; et mon amant m'allait perdre faute
d'argent, si, pour en tirer de son père, il n'avait trouvé du
secours dans l'industrie[6] d'un serviteur qu'il a. Pour le
nom du serviteur, je le sais à merveille : il s'appelle
60 Scapin ; c'est un homme incomparable, et il mérite toutes
les louanges qu'on peut donner.

GÉRONTE, à part. Ah ! coquin que tu es !

ZERBINETTE. Voici le stratagème dont il s'est servi pour
attraper sa dupe. Ah, ah, ah, ah ! Je ne saurais m'en souve-
65 nir que je ne rie de tout mon cœur. Ah, ah, ah ! Il est allé
trouver ce chien d'avare, ah, ah, ah, et lui a dit qu'en se

---

1. *fierté* : résistance.
2. *dénué* : sans.
3. *avaricieux fieffé* : vrai avare.
4. *vilain* : avare.
5. *ladre* : très avare.
6. *industrie* : habileté.

promenant sur le port avec son fils, hi, hi, ils avaient vu
une galère turque où on les avait invités d'entrer ; qu'un
jeune Turc leur y avait donné la collation*, ah, que, tandis
70 qu'ils mangeaient, on avait mis la galère en mer ; et que le
Turc l'avait renvoyé, lui seul, à terre dans un esquif*, avec
ordre de dire au père de son maître qu'il emmenait son
fils en Alger, s'il ne lui envoyait tout à l'heure* cinq cents
écus*. Ah, ah, ah ! Voilà mon ladre, mon vilain dans de
75 furieuses angoisses ; et la tendresse qu'il a pour son fils
fait un combat étrange avec son avarice. Cinq cents écus
qu'on lui demande sont justement cinq cents coups de
poignard qu'on lui donne. Ah, ah, ah ! Il ne peut se
résoudre à tirer cette somme de ses entrailles ; et la peine
80 qu'il souffre lui fait trouver cent moyens ridicules pour
ravoir son fils. Ah, ah, ah ! Il veut envoyer la justice en
mer après la galère du Turc. Ah, ah, ah ! Il sollicite son
valet de s'aller offrir à tenir la place de son fils, jusqu'à ce
qu'il ait amassé l'argent qu'il n'a pas envie de donner. Ah,
85 ah, ah ! Il abandonne, pour faire les cinq cents écus,
quatre ou cinq vieux habits qui n'en valent pas trente. Ah,
ah, ah ! Le valet lui fait comprendre, à tous coups,
l'impertinence* de ses propositions, et chaque réflexion
est douloureusement accompagnée d'un : « Mais que
90 diable allait-il faire à cette galère ? Ah ! maudite galère !
Traître de Turc ! » Enfin, après plusieurs détours, après
avoir longtemps gémi et soupiré... Mais il me semble que
vous ne riez point de mon conte. Qu'en dites-vous ?

GÉRONTE.   Je dis que le jeune homme est un pendard,
95 un insolent, qui sera puni par son père du tour qu'il lui a
fait ; que l'Égyptienne est une malavisée, une impertinente, de dire des injures à un homme d'honneur qui saura
lui apprendre à venir ici débaucher les enfants de famille[1] ; et que le valet est un scélérat qui sera par Géronte
100 envoyé au gibet[2] avant qu'il soit demain.

---

1. *les enfants de famille* : fils de bonne famille.
2. *envoyé au gibet* : envoyé à la pendaison.

Questions

Compréhension

1. *Que nous révèle le début de la scène sur l'état d'esprit de Zerbinette et de Géronte ? Quels effets comiques Molière en tire-il ?*

2. *Quel est le trait de caractère de Zerbinette qui explique sa « gaffe » ?*

3. *En quoi consiste le procédé utilisé ici pour faire rire ?*

4. a) *Quels sont les sentiments de Géronte pendant le récit de Zerbinette ?*
b) *Pourquoi ne rit-il pas ?*
c) *Pourquoi n'interrompt-il pas Zerbinette ?*

5. a) *Comment Scapin se venge-t-il encore une fois de Géronte sans le savoir ?*
b) *Cette vengeance n'est-elle pas plus terrible que la première ?*

6. *Connaissons-nous déjà l'aventure que Zerbinette raconte ? Et, cependant, nous ennuyons-nous pendant son récit ? Pourquoi ?*

Écriture

7. a) *Relevez, dans les paroles de Zerbinette, toutes les phrases qui n'appartiennent pas au récit.*
b) *En quoi leur forme est-elle différente ? Précisez.*
c) *Quelle est leur utilité (vous vous interrogerez en particulier sur le rôle et l'effet du « Qu'en dites-vous » de la ligne 93) ?*

8. *Racontez une gaffe dont vous avez été l'auteur, la victime ou simplement le témoin.*

Mise en scène

9. *Molière, comme beaucoup d'auteurs de théâtre, écrivait souvent ses rôles en pensant à tel ou tel acteur.*
Ici, le rôle de Zerbinette devait être tenu par Mademoiselle Beauval qui enthousiasmait le public par la qualité de son rire.

a) Combien de fois rit-elle ?

b) Connaissez-vous d'autres rôles que Molière a écrits pour ses acteurs en tenant compte de certaines de leurs caractéristiques ?

10. *a) Si vous deviez jouer dans* Les Fourberies de Scapin, *quel rôle choisiriez-vous ? Accepteriez-vous de jouer un personnage ridicule ? Expliquez vos motivations.*

b) En pensant aux acteurs que vous connaissez, imaginez une distribution « idéale » pour Les Fourberies de Scapin.

Jean-Louis Barrault (Scapin) et Pierre Bertin (Géronte) dans la mise en scène de Louis Jouvet au théâtre Marigny, en 1949.

SCÈNE 4. Sylvestre, Zerbinette

Sylvestre.   Où est-ce donc que vous vous échappez[1] ?
Savez-vous bien que vous venez de parler là au père de
votre amant ?

Zerbinette.   Je viens de m'en douter et je me suis adres-
5 sée à lui-même sans y penser, pour lui conter son histoire.

Sylvestre.   Comment, son histoire ?

Zerbinette.   Oui, j'étais toute remplie du conte, et je
brûlais de le redire. Mais qu'importe ? Tant pis pour lui. Je
ne vois pas que les choses pour nous en puissent être ni
10 pis ni mieux.

Sylvestre.   Vous aviez grande envie de babiller ; et c'est
avoir bien de la langue que de ne pouvoir se taire de ses
propres affaires.

Zerbinette.   N'aurait-il pas appris cela de quelque autre ?

SCÈNE 5. Argante, Sylvestre

Argante.   Holà ! Sylvestre.

Sylvestre, à Zerbinette.   Rentrez dans la maison. Voilà
mon maître qui m'appelle.

Argante.   Vous vous êtes donc accordés, coquin ; vous
5 vous êtes accordés, Scapin, vous et mon fils, pour me
fourber, et vous croyez que je l'endure[2] ?

Sylvestre.   Ma foi, monsieur, si Scapin vous fourbe, je
m'en lave les mains, et vous assure que je n'y trempe en
aucune façon.

10 Argante.   Nous verrons cette affaire, pendard, nous verrons cette affaire, et je ne prétends pas qu'on me fasse passer la plume par le bec[3].

---

1. *Où est-ce donc que vous vous échappez ?* : qu'est-ce que vous racontez là ?
2. *je l'endure* : je puisse le supporter.
3. *qu'on me fasse passer la plume par le bec* : qu'on m'empêche de faire ce que
je veux (proverbe dont l'origine est la suivante : on enfonçait une plume à
travers les narines des oies pour les empêcher de franchir les haies.)

SCÈNE 6. Géronte, Argante, Sylvestre

Géronte.   Ah ! seigneur Argante, vous me voyez accablé de disgrâce*.

Argante.   Vous me voyez aussi dans un accablement horrible.

5   Géronte.   Le pendard de Scapin, par une fourberie, m'a attrapé cinq cents écus*.

Argante.   Le même pendard de Scapin, par une fourberie aussi, m'a attrapé deux cents pistoles*.

Géronte.   Il ne s'est pas contenté de m'attraper cinq
10   cents écus, il m'a traité d'une manière que j'ai honte de dire. Mais il me la payera.

Argante.   Je veux qu'il me fasse raison[1] de la pièce[2] qu'il m'a jouée.

Géronte.   Et je prétends faire de lui une vengeance
15   exemplaire.

Sylvestre, *à part.*   Plaise au Ciel que dans tout ceci je n'aie point ma part !

Géronte.   Mais ce n'est pas encore tout, seigneur Argante, et un malheur nous est toujours l'avant-coureur d'un
20   autre. Je me réjouissais aujourd'hui de l'espérance d'avoir ma fille, dont je faisais toute ma consolation ; et je viens d'apprendre de mon homme qu'elle est partie, il y a long-temps, de Tarente, et qu'on y croit qu'elle a péri dans le vaisseau où elle s'embarqua.

25   Argante.   Mais pourquoi, s'il vous plaît, la tenir à Tarente, et ne vous être pas donné la joie de l'avoir avec vous ?

Géronte.   J'ai eu mes raisons pour cela ; et des intérêts de famille m'ont obligé jusques ici à tenir fort secret ce
30   second mariage. Mais que vois-je ?

---

1. *qu'il me fasse raison* : qu'il me donne des explications.
2. *pièce* : tour.

SCÈNE 7. Nérine, Argante, Géronte, Sylvestre

GÉRONTE.   Ah ! te voilà, nourrice ?

NÉRINE, *se jetant à ses genoux.*   Ah ! seigneur Pandolphe, que...

GÉRONTE.   Appelle-moi Géronte, et ne te sers plus de ce
5 nom. Les raisons ont cessé, qui m'avaient obligé à le prendre parmi vous à Tarente.

NÉRINE.   Las ! que ce changement de nom nous a causé de troubles et d'inquiétudes dans les soins que nous avons pris de vous venir chercher ici !

10 GÉRONTE.   Où est ma fille, et sa mère ?

NÉRINE.   Votre fille, monsieur, n'est pas loin d'ici. Mais avant que de vous la faire voir, il faut que je vous demande pardon de l'avoir mariée, dans l'abandonnement où, faute de vous rencontrer, je me suis trouvée avec elle.

15 GÉRONTE.   Ma fille mariée !

NÉRINE.   Oui, monsieur.

GÉRONTE.   Et avec qui ?

NÉRINE.   Avec un jeune homme nommé, Octave, fils d'un certain seigneur Argante.

20 GÉRONTE.   Ô Ciel !

ARGANTE.   Quelle rencontre !

GÉRONTE.   Mène-nous, mène-nous promptement où elle est.

NÉRINE.   Vous n'avez qu'à entrer dans ce logis.

25 GÉRONTE.   Passe devant. Suivez-moi, suivez-moi, seigneur Argante.

SYLVESTRE.   Voilà une aventure qui est tout à fait surprenante !

SCÈNE 8. Scapin, Sylvestre

Scapin.　Hé bien ! Sylvestre, que font nos gens ?

Sylvestre.　J'ai deux avis à te donner. L'un, que l'affaire d'Octave est accommodée. Notre Hyacinte s'est trouvée la fille du seigneur Géronte ; et le hasard a fait ce que la pru
5　dence des pères avait délibéré[1]. L'autre avis, c'est que les deux vieillards font contre toi des menaces épouvantables, et surtout le seigneur Géronte.

Scapin.　Cela n'est rien. Les menaces ne m'ont jamais fait mal ; et ce sont des nuées qui passent bien loin sur nos
10　têtes.

Sylvestre.　Prends garde à toi : les fils se pourraient bien raccommoder avec les pères, et toi demeurer dans la nasse[2].

Scapin.　Laisse-moi faire, je trouverai moyen d'apaiser
15　leur courroux[3], et...

Sylvestre.　Retire-toi, les voilà qui sortent.

SCÈNE 9. Géronte, Argante, Sylvestre, Nérine, Hyacinte

Géronte.　Allons, ma fille, venez chez moi. Ma joie aurait été parfaite, si j'y avais pu voir votre mère avec vous.

Argante.　Voici Octave, tout à propos.

---

1. *délibéré* : décidé.
2. *nasse* : filet ; *demeurer dans la nasse* : rester pris au piège.
3. *courroux* : colère.

SCÈNE 10. Octave, Argante, Géronte, Hyacinte, Nérine, Zerbinette, Sylvestre

Argante.   Venez, mon fils, venez vous réjouir avec nous de l'heureuse aventure de votre mariage. Le Ciel...

Octave, *sans voir Hyacinte.*   Non, mon père, toutes vos propositions de mariage ne serviront de rien. Je dois lever
5   le masque avec vous, et l'on vous a dit mon engagement.

Argante.   Oui ; mais tu ne sais pas...

Octave.   Je sais tout ce qu'il faut savoir.

Argante.   Je veux te dire que la fille du seigneur Géronte...

10   Octave.   La fille du seigneur Géronte ne me sera jamais de rien.

Géronte.   C'est elle...

Octave, *à Géronte.*   Non, monsieur ; je vous demande pardon, mes résolutions sont prises.

15   Sylvestre, *à Octave.*   Écoutez...

Octave.   Non, tais-toi, je n'écoute rien.

Argante, *à Octave.*   Ta femme...

Octave.   Non, vous dis-je, mon père, je mourrai plutôt que de quitter mon aimable Hyacinte. (*Traversant le théâtre
20   pour aller à elle.*) Oui, vous avez beau faire, la voilà, celle à qui ma foi est engagée ; je l'aimerai toute ma vie, et je ne veux point d'autre femme...

Argante.   Hé bien ! c'est elle qu'on te donne. Quel diable d'étourdi, qui suit toujours sa pointe[1] !

25   Hyacinte, *montrant Géronte.*   Oui, Octave, voilà mon père que j'ai trouvé, et nous nous voyons hors de peine.

Géronte.   Allons chez moi, nous serons mieux qu'ici pour nous entretenir.

Hyacinte, *montrant Zerbinette.*   Ah ! mon père, je vous
30   demande par grâce que je ne sois point séparée de l'aimable personne que vous voyez : elle a un mérite qui

---

1. *qui suit toujours sa pointe* : qui suit toujours son idée fixe.

vous fera concevoir de l'estime pour elle quand il sera connu de vous.

35 GÉRONTE.   Tu veux que je tienne chez moi une personne qui est aimée de ton frère, et qui m'a dit tantôt au nez mille sottises de moi-même ?

ZERBINETTE.   Monsieur, je vous prie de m'excuser. Je n'aurais pas parlé de la sorte, si j'avais su que c'était vous, et je ne vous connaissais que de réputation.

40 GÉRONTE.   Comment, que de réputation ?

HYACINTE.   Mon père, la passion que mon frère a pour elle n'a rien de criminel, et je réponds de sa vertu.

GÉRONTE.   Voilà qui est fort bien. Ne voudrait-on point que je mariasse mon fils avec elle ? Une fille inconnue,
45 qui fait le métier de coureuse[1] !

SCÈNE 11. LÉANDRE, OCTAVE, HYACINTE, ZERBINETTE, ARGANTE, GÉRONTE, SYLVESTRE, NÉRINE

LÉANDRE.   Mon père, ne vous plaignez point que j'aime une inconnue sans naissance et sans bien. Ceux de qui je l'ai rachetée viennent de me découvrir qu'elle est de cette ville, et d'honnête famille ; que ce sont eux qui l'y ont
5 dérobée à l'âge de quatre ans ; et voici un bracelet, qu'ils m'ont donné, qui pourra nous aider à trouver ses parents.

ARGANTE.   Hélas ! à voir ce bracelet, c'est ma fille que je perdis à l'âge que vous dites.

GÉRONTE.   Votre fille ?

10 ARGANTE.   Oui, ce l'est, et j'y vois tous les traits[2] qui m'en peuvent rendre assuré.

HYACINTE.   Ô Ciel ! que d'aventures extraordinaires !

---

1. *coureuse* : bohémienne.
2. *les traits* : l'écriture.

SCÈNE 12. CARLE, LÉANDRE, OCTAVE, GÉRONTE, ARGANTE, HYACINTE, ZERBINETTE, SYLVESTRE, NÉRINE

CARLE. Ah ! messieurs, il vient d'arriver un accident étrange.

GÉRONTE. Quoi ?

CARLE. Le pauvre Scapin...

5 GÉRONTE. C'est un coquin que je veux pendre.

CARLE. Hélas ! monsieur, vous ne serez pas en peine de cela. En passant contre un bâtiment, il lui est tombé sur la tête un marteau de tailleur de pierre qui lui a brisé l'os et découvert toute la cervelle. Il se meurt, et il a prié qu'on 10 l'apportât ici pour vous pouvoir parler avant que de mourir.

ARGANTE. Où est-il ?

CARLE. Le voilà.

SCÈNE 13. SCAPIN, CARLE, GÉRONTE, ARGANTE, ETC.

SCAPIN, *apporté par deux hommes, et la tête entourée de linges, comme s'il avait été bien blessé.* Ahi, ahi, messieurs, vous me voyez... Ahi, vous me voyez dans un étrange état. Ahi ! Je n'ai pas voulu mourir sans venir demander pardon 5 à toutes les personnes que je puis avoir offensées. Ahi ! Oui, messieurs, avant de rendre le dernier soupir, je vous conjure de tout mon cœur de vouloir me pardonner tous ce que je puis vous avoir fait, et principalement le seigneur Argante et le seigneur Géronte. Ahi !

10 ARGANTE. Pour moi, je te pardonne ; va, meurs en repos.

SCAPIN, *à Géronte.* C'est vous, monsieur, que j'ai le plus offensé, par les coups de bâton que...

GÉRONTE. Ne parle pas davantage, je te pardonne aussi.

SCAPIN. Ç'a été une témérité˙ bien grande à moi, que les 15 coups de bâton que je...

GÉRONTE. Laissons cela.

SCAPIN. J'ai, en mourant, une douleur inconcevable des coups de bâton que...

GÉRONTE. Mon Dieu ! tais-toi.

20 SCAPIN. Les malheureux coups de bâton que je vous...

GÉRONTE. Tais-toi, te dis-je, j'oublie tout.

SCAPIN. Hélas ! quelle bonté ! Mais est-ce de bon cœur, monsieur, que vous me pardonnez ces coups de bâton que...

25 GÉRONTE. Eh ! oui. Ne parlons plus de rien ; je te pardonne tout, voilà qui est fait.

SCAPIN. Ah ! monsieur, je me sens tout soulagé depuis cette parole.

GÉRONTE. Oui ; mais je te pardonne à la charge que[1] tu 30 mourras.

SCAPIN. Comment, monsieur ?

GÉRONTE. Je me dédis de ma parole[2], si tu réchappes.

SCAPIN. Ahi, ahi ! Voilà mes faiblesses qui me reprennent.

35 ARGANTE. Seigneur Géronte, en faveur de notre joie, il faut lui pardonner sans condition.

GÉRONTE. Soit.

ARGANTE. Allons souper ensemble pour mieux goûter notre plaisir.

40 SCAPIN. Et moi, qu'on me porte au bout de la table, en attendant que je meure.

---

1. *à la charge que* : à condition que.
2. *Je me dédis de ma parole* : je reviens sur ce que j'ai promis.

Compréhension

1. Le dénouement.
a) Qu'est-ce qu'un dénouement ?
b) À partir de quelle scène le spectateur commence-t-il à obtenir des réponses à ses questions ? Qu'apprenons-nous ?

2. Les intentions de Molière dans ce dénouement.
a) Molière explique-t-il comment Argante a appris la super-cherie des deux cents pistoles ?
b) Combien de pages comptez-vous pour les trois premières scènes, et combien pour les suivantes ? Qu'en concluez-vous ?
c) Pourquoi Molière accompagne-t-il la première reconnais-sance de cette réflexion de Sylvestre : « Voilà une aventure qui est tout à fait surprenante » et la deuxième de celle de Hyacinte : « Ô Ciel ! Que d'aventures extraordinaires ! » ?
d) Comptez le nombre de personnages en scène à partir de la scène 9. Que constatez-vous ? Qui entre en scène le der-nier ? Pourquoi ?
e) Quels sont les effets comiques de la dernière scène ?
f) Quelles étaient donc les intentions de Molière ?

Écriture

3. Si Molière avait oublié de numéroter les différentes scènes qui composent le dénouement, comment l'auriez-vous fait à sa place ? Observez le texte et dites quelles règles l'auteur a utilisées pour faire son découpage.

4. Dans la scène 12, Carle raconte l'accident de Scapin.
a) Combien de récits avons-nous entendus dans cette pièce ? Précisez lesquels (actes et scènes).
b) Quelles sont leurs fonctions ?

5. Et si Hyacinte et Zerbinette n'avaient pas été recon-nues ?... Imaginez alors le dénouement.

6. Et Scapin ? Que devient-il ? Racontez.

Mise en scène

7. Tout est bien qui finit bien. Alors, que penser du dernier mot de Scapin ? Comment imagineriez-vous sa sortie ?

Bilan

Les dernières scènes d'une pièce de théâtre, comme le dernier chapitre d'un roman, répondent en général aux questions que spectateurs et/ou lecteurs se sont posées pendant le spectacle ou la lecture.

L'action

1. *Qu'a fait Scapin pour se venger de Géronte ?*

2. *Quelle réaction Géronte et Argante ont-ils eue lorsqu'ils se sont aperçus que Scapin les avait trompés ?*

3. *Comment les amours d'Octave et de Léandre ont-ils été finalement sauvés ?*

4. *De combien de fourberies Scapin est-il finalement l'auteur ?*

Les personnages

5. *Connaissez-vous bien tous les personnages ?*

6. *La fille de Géronte, qui était-ce, en définitive ?*

7. *Et quand était-elle arrivée ?*

• *Vous devez pouvoir répondre à toutes ces questions, ces réponses récapitulant ce que nous savons.*

• *Vous devez aussi avoir réalisé trois dossiers « Le portrait de Scapin »/« Le masque à travers les âges, à travers les pays »/« La vie quotidienne au XVIIe siècle » dont vous pouvez vous servir pour faire de petites expositions.*

• *Enfin, vous pouvez apprendre quelques citations de la pièce, à utiliser dans vos travaux écrits ou à retenir pour le plaisir ; par exemple, celles-ci, toutes extraites de la scène 1 de l'acte III :*

« La douce chose que d'aimer, lorsqu'on ne voit point d'obstacles à ces aimables chaînes dont deux cœurs se lient ensemble. »

« La tranquillité en amour est un calme désagréable ; un bonheur tout uni nous devient ennuyeux ; il faut du haut et du bas dans la vie ; et les difficultés qui se mêlent aux choses réveillent les ardeurs, augmentent les plaisirs. »

« Je me plais à tenter des entreprises hasardeuses. »

« Je hais ces cœurs pusillanimes qui, pour trop prévoir les suites des choses, n'osent rien entreprendre. »

La dernière fourberie de Scapin. Daniel Auteuil dans le rôle de Scapin (1990). Ph. Bernand.

DATES	ÉVÉNEMENTS HISTORIQUES	ÉVÉNEMENTS CULTURELS
1622		
1632		
1633		Saint-Cyran, à Port-Royal, introduit le jansénisme (catholicisme très strict).
1635	Entrée de la France dans la guerre de Trente Ans.	Fondation de l'Académie française.
1636		Corneille, *L'Illusion comique* (comédie). Descartes, *Le Discours de la méthode*.
1637		Corneille, *Le Cid* (tragi-comédie).
1638	Naissance de Louis XIV.	
1642	Mort de Richelieu.	
1643	Mort de Louis XII : régence d'Anne d'Autriche. Mazarin gouverne.	Arrivée du musicien Lulli à Paris.
1644		Début des séjours en France de Tiberio Fiorelli, dit Scaramouche.
1645		Cyrano de Bergerac, *Le Pédant joué*.
1648	Traités de Westphalie. La Fronde : révolte des grands qui met en péril le pouvoir royal.	Fondation de l'Académie de peinture et de sculpture.
1650		
1652	Échec de la Fronde : triomphe de Mazarin et de l'absolutisme.	
1653		Condamnation du jansénisme par le Pape.
1655		
1656		Pascal, *Les Provinciales* (défense du jansénisme contre les jésuites).
1657		
1658		Dorimond, *Le Festin de Pierre*
1659	Paix des Pyrénées : fin de la guerre de Trente Ans.	
1660	Mariage de Louis XIV avec Marie-Thérèse d'Espagne.	
1661	Mort de Mazarin. Louis XIV gouverne seul. Construction et aménagement de Versailles.	
1662		
1664		
1665	Colbert contrôleur général des Finances.	Racine se brouille avec Molière.
1666		
1667		Racine, *Andromaque* (tragédie).
1668		La Fontaine, premier recueil de *Fables*.
1669		
1670		Pascal, *Les Pensées* (posthume).
1671		Mme de Sévigné, *Correspondance*. Début de la construction des Invalides.
1672	Installation de la Cour à Versailles.	Racine, *Bajazet*. L'Académie Royale de musique prend sa forme définitive avec Lulli : naissance du grand opéra.
1673		

VIE ET ŒUVRE DE MOLIÈRE	DATES
Naissance à Paris de Jean-Baptiste Poquelin : bonne bourgeoisie aisée.	1622
Mort de sa mère.	1632
Études chez les jésuites du Collège de Clermont à Paris (aujourd'hui Lycée Louis-le-Grand).	1633
	1635
	1636
	1637
	1638
	1642
Fondation de L'Illustre Théâtre, avec les Béjart.	1643
Jean-Baptiste Poquelin prend le nom de Molière.	1644
Faillite de l'Illustre Théâtre. Départ pour les tournées en province dans une troupe protégée par le duc d'Épernon.	1645
Molière devient directeur de troupe.	1650
	1652
	1653
L'Étourdi	1655
Le Dépit amoureux.	1656
	1657
Molière revient à Paris. Protégé par Monsieur, frère unique du roi.	1658
Les Précieuses ridicules : premier triomphe ; célébrité.	1659
Sganarelle.	1660
Installation au Palais-Royal.	1661
Molière épouse la jeune Armande Béjart. *L'École des Femmes* : triomphe.	1662
Le Mariage forcé. La « cabale des dévots » fait interdire le premier *Tartuffe*.	1664
Interdiction de *Dom Juan. L'Amour médecin.* La troupe de Molière devient « troupe du roi ».	1665
Le Misanthrope. Le Médecin malgré lui.	1666
Interdiction du deuxième *Tartuffe.*	1667
Amphitryon. George Dandin. L'Avare.	1668
Le Tartuffe : triomphe. *Monsieur de Pourceaugnac*, comédie-ballet.	1669
Les Amants magnifiques. Le Bourgeois gentilhomme..	1670
Psyché (tragédie-ballet). *Les Fourberies de Scapin.*	1671
Les Femmes savantes.	1672
Le Malade imaginaire. Molière meurt le 17 février, quelques heures après un malaise sur scène.	1673

Bruscambille, Gros-Guillaume, Gaultier-Garguille, Turlupin, Tabarin, Scaramouche... : on prononce ces noms et voici les Masques, les enfarinés, les extraordinaires farceurs du tout début du XVIIᵉ siècle qui entrent en scène.

Et puis voici Bellerose, Montfleury, la Du Parc, la Champmeslé : de beaux noms qui chantent les beautés de la nature et qui évoquent un autre théâtre plus raffiné, succédant aux farces.

À tous ces noms de comédiens, associons quelques noms d'auteurs : Hardy, Mairet, Rotrou, Corneille, Molière, Racine ; de musiciens : Louis de Mollier, Lulli, Charpentier ; de peintres et d'architectes : Torelli, Denis Buffequin, et nous avons en raccourci le théâtre du XVIIᵉ siècle.

LES TROUPES EN TOURNÉE

Bien qu'il y ait eu, dans tous les domaines du spectacle, une très grande évolution, le fonctionnement des troupes est resté à peu près le même pendant tout le XVIIᵉ siècle. Outre les acteurs, les troupes comprennent aussi des poètes, des musiciens, des peintres, car un spectacle regroupe plusieurs arts. Le XVIIᵉ siècle verra naître en tout environ deux cents troupes itinérantes. En 1671, il y a une quinzaine de troupes qui circulent en province.

Ces troupes partent en tournée en France et à l'étranger, car, au XVIIᵉ siècle, le français est une langue connue dans l'Europe cultivée. Tous ces gens du spectacle, après avoir fait un plus ou moins long apprentissage dans ces pérégrinations (celui de Molière dure treize ans), espèrent s'intégrer dans l'une des troupes qui jouent toute l'année dans un théâtre à Paris, et jouer devant le roi.

LES TROUPES À PARIS

À l'époque où se jouent *Les Fourberies de Scapin,* il y a essentiellement trois salles qui accueillent quatre troupes.

La troupe royale de l'Hôtel de Bourgogne
•

Ce sont les Grands Comédiens, spécialisés dans la tragédie. Après avoir essayé de rivaliser avec Molière, l'Hôtel de Bourgogne est revenu à la tragédie : Quinault, Thomas Corneille, Pierre Corneille, son illustre frère, et surtout Racine écrivent, pour ces comédiens, les tragédies qui composent aujourd'hui notre répertoire classique. Le roi leur alloue une pension de 12 000 livres.

MOLIÈRE ET SON TEMPS

La troupe du roi au Marais

•

Ce sont les Petits Comédiens qui ont révélé Corneille avec *Le Cid* en 1637. C'est une troupe où les comédiens vedettes ne font que passer : certains, comme Jodelet la quittent pour la troupe de Molière ; d'autres, comme Champmeslé, pour l'Hôtel de Bourgogne. Cette troupe réussit cependant à durer grâce aux pièces à grand spectacle. Ces comédiens ne touchent aucune sub-vention du roi.

La troupe du roi au Palais-Royal

•

C'est la troupe de Molière, troupe très unie. Molière en est le directeur, le metteur en scène et l'auteur attitré : sur 95 pièces jouées en quinze ans, 31 sont de lui. Les auteurs confient à la troupe des tragédies et des comédies, mais c'est dans les comé-dies qu'elle excelle. Un de ses comédiens, La Grange, tient un journal dans lequel il note au jour le jour les pièces jouées et les recettes obtenues. Molière reçoit 6 000 livres du roi.

La troupe des Italiens

•

Molière partage le théâtre avec les comédiens italiens : la fameuse troupe dirigée par Tiberio Fiorelli, dit Scaramouche, *« le prince des comédiens et le comédien des princes »,* remarquable mime qui fut, dit-on, le maître de Molière. La troupe de Molière joue les jours « ordinaires » : mardi, vendredi, dimanche. La troupe Scaramouche, les jours « extraordinaires » : lundi, mercredi, jeudi, samedi.

Avec Tiberio Fiorelli, il y a Domenico Locatelli, qui joue le rôle de Trivelin sous l'habit et le masque d'Arlequin, et Biancolelli, dont on dit qu'il fut l'un des plus grands Arlequins du siècle.

Les Délices du genre humain, peinture représentant les comé-diens français et ita-liens vers 1670, Paris, Comédie-Française. Photo J.-L. Charmet.

Ces comédiens italiens jouent en italien les comédies littéraires de leur pays, mais surtout des comédies en trois actes, en improvisant, selon la tradition de la Commedia dell'Arte, en prenant leur sujet dans l'actualité, un peu comme certains comiques d'aujourd'hui. Ces comédiens plaisent beaucoup au roi qui leur donne une pension de 16 000 livres.

Sept ans après la mort de Molière, en 1680, Louis XIV décide la réunion de l'ancienne troupe de Molière, qui a déjà accueilli les meilleurs acteurs du théâtre du Marais, à celle de l'Hôtel de Bourgogne, jetant ainsi les bases de la future Comédie-Française qui sera créée officiellement en mars 1804 par Napoléon Iᵉʳ.

LES REPRÉSENTATIONS

La publicité se fait par voie d'affiches placées au carrefour. Elle se fait aussi par la voix d'un comédien, bien souvent, le directeur de la troupe (Molière l'a fait), qui va par les rues, vantant le prochain spectacle. Les représentations doivent normalement avoir lieu dans l'après-midi, avant la tombée de la nuit, car les rues mal éclairées ne sont pas sûres.

Entrons dans la salle. La scène est fermée par un rideau. Ce sont des chandelles, plantées sur des lustres que l'on monte au début du spectacle, qui donnent de la lumière. Les décors peuvent être extraordinaires, particulièrement au Marais qui s'est spécialisé dans les pièces à machines : on y voit les dieux traverser l'Olympe, transportés dans les airs, des vaisseaux sur une mer agitée, des apparitions, des incendies.

Les spectateurs sont souvent sur la scène au XVIIᵉ siècle. Musée de l'opéra. Photo Hachette.

Enfin, nous serions sans doute surpris par la diction des grands comédiens, diction ampoulée, grandiloquente, déclamatoire. Il arrive à certains de faire de tels efforts pour dire leur texte qu'ils en meurent, comme l'acteur Montfleury. Au Palais-Royal, Molière demande un jeu plus simple à ses acteurs, mais cette façon de dire n'était pas à la mode et les critiques du XVIIᵉ siècle jugèrent Molière, sans doute pour cela, mauvais interprète des tragédies.

Et le public ? Lui aussi a changé au cours de ce siècle. Ce n'est plus le public grossier des farces ; le théâtre est devenu un lieu à la mode. Le roi reçoit les comédiens chez lui ou se rend parfois dans l'une des salles parisiennes. Mais ce monde raffiné, assis dans les loges, ou même parfois sur la scène, côtoie un public encore bien remuant, debout au parterre : chahut, bagarres, vols sont monnaie courante.

DE TURLUPIN À RACINE

Nombre de comédiens, au XVIIᵉ siècle, sont, comme Molière, à la fois auteurs et acteurs. Mais, dans la plupart des cas, les troupes travaillent avec un ou plusieurs auteurs. À l'époque des *Fourberies,* les comédiens ont une situation sociale florissante.

L'Église, habituellement hostile aux comédiens, « coupables » de distraire de la religion, est moins sévère à leur égard : les comédiens se marient à l'Église. Le roi les aime et les protège : il est le parrain de l'un des enfants de Molière. Certains, comme Bellerose, sont nobles. Ils sont riches et cultivés. La bibliothèque de l'acteur-auteur Baron comporte 4 000 livres ! ... Molière a comme amis des hommes de lettres : La Fontaine, Boileau, Racine un moment, Cyrano de Bergerac, le peintre Mignard... et sa maison est celle d'un très riche bourgeois.

Au XVIIᵉ siècle, le théâtre a beaucoup évolué. Au tout début du siècle, l'essentiel du théâtre, c'est la farce (voir page 117). Cependant, une évolution se produit, et, en 1637, la tragi-comédie de Pierre Corneille, *Le Cid,* soulève l'enthousiasme. Le public se presse au théâtre du Marais, des tirades entières sont apprises par cœur. La farce est alors un peu délaissée, au profit de pièces plus littéraires même si Molière, de retour à Paris, la remet un temps à la mode.

Soutenue par le goût du roi pour le spectacle (Louis XIV joue parfois lui-même), la création théâtrale est foisonnante. L'alliance que le théâtre grec avait réalisée entre musique et poésie se retrouve dans les pièces à grand spectacle que sont les comédies-ballets, les pastorales, les opéras-ballets. Mais le XVIIᵉ siècle voit surtout l'avènement de la tragédie avec Corneille et Racine, et de la comédie d'observation avec Molière (voir tableau page 6).

SCHÉMA NARRATIF DES FOURBERIES

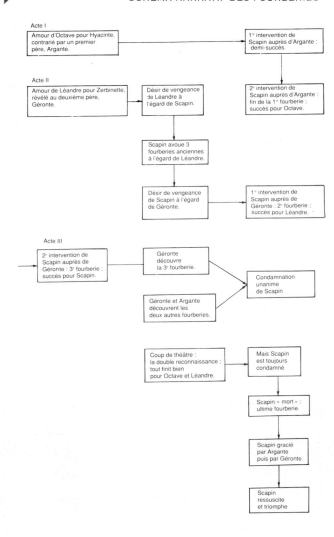

Acte I

Amour d'Octave pour Hyacinte, contrarié par un premier père, Argante.

→ 1re intervention de Scapin auprès d'Argante : demi-succès.

Acte II

Amour de Léandre pour Zerbinette, révélé au deuxième père, Géronte.

→ Désir de vengeance de Léandre à l'égard de Scapin.

→ 2e intervention de Scapin auprès d'Argante : fin de la 1re fourberie ; succès pour Octave.

Scapin avoue 3 fourberies anciennes à l'égard de Léandre.

Désir de vengeance de Scapin à l'égard de Géronte.

→ 1re intervention de Scapin auprès de Géronte : 2e fourberie ; succès pour Léandre.

Acte III

2e intervention de Scapin auprès de Géronte : 3e fourberie ; succès pour Scapin.

→ Géronte découvre la 3e fourberie.

Géronte et Argante découvrent les deux autres fourberies.

→ Condamnation unanime de Scapin

Coup de théâtre : la double reconnaissance ; tout finit bien pour Octave et Léandre.

→ Mais Scapin est toujours condamné

→ Scapin « mort » : ultime fourberie.

→ Scapin gracié par Argante puis par Géronte.

→ Scapin ressuscite et triomphe

Les textes présentés dans les pages qui suivent sont des extraits de pièces dont Molière s'est inspiré ou qu'il a parfois même repris mot pour mot. Il faut savoir, en effet, qu'au XVII⁰ siècle, la notion de propriété littéraire n'existait pas.

LES SOURCES LATINES

Une des premières sources reconnues des *Fourberies de Scapin* est le *Phormion* de Térence (185-159 av. J.-C.) qui lui-même s'inspira du *Mari adjugé* du Grec Apollodore de Carystos. À Térence, Molière emprunte le canevas de son intrigue. Phormion, dans la pièce latine, est en effet un esclave, personnage parasite qui s'emploie, à travers des péripéties burlesques, à faire épouser à Antiphon une jeune étrangère dont ce dernier était tombé amoureux, contre l'avis de son père Démiphon.

L'ITALIE ET LA COMMEDIA DELL'ARTE

Molière, en composant *Les Fourberies de Scapin,* s'amuse, puisant avec joie dans la tradition de la farce. Grâce aux bateleurs de son enfance, grâce surtout à Scaramouche et à ses comédiens, Molière connaît toute la tradition de la Commedia dell'Arte : voici Pantalone ou Géronte, vieillard riche, avare et toujours trompé, qui a horreur des coups et en reçoit toujours ; voici Léandre, Horace, Octave, les amoureux. Et Lucie, Rosalinde, Zerbinette : les amoureuses ; voici Le Capitan, Matamore, Fracasse dans un grand cliquetis d'armes, moustaches hérissées. Et voici encore Brighella, Scapino, Scapin, valet menteur, débauché, habile à démêler n'importe quelle intrigue.

Quelques personnages de la Commedia dell'Arte et de la farce. Bibliothèque Nationale, photos Bulloz.

Le Capitaine fracasse   *Turlupin*

LES SOURCES FRANÇAISES

Enfin Molière trouve des idées dans des pièces écrites par ses contemporains français : *Le Pédant Joué* de Cyrano de Bergerac ; *La Sœur* de Rotrou ; *Joguenet ou les Vieillards dupés* (auteur inconnu) ; *La Dupe amoureuse* de Rosimond ; *Les Deux Alcandres* de Bois-Robert ; et il s'imite lui-même en reprenant des passages de *L'Amour médecin* et de *Monsieur de Pourceaugnac.*

« Le Pédant Joué » et la scène de la galère
•

Deux scènes du *Pédant Joué* sont à rapprocher des *Fourberies* ; la plus célèbre est celle de « la galère », à scène 7 de l'acte II dans la pièce de Molière, emprunt, souvent dénoncé, à la scène 2 de l'acte II de celle de Cyrano de Bergerac, dont voici un extrait :

> Corbinelli, valet du jeune Granger, veut soutirer de l'argent à Granger le père, en présence du cuistre Paquier.
>
> CORBINELLI entre en courant. « Hélas ! tout est perdu, votre fils est mort !
> GRANGER – Mon fils est mort ! Es-tu hors de sens ?
> CORBINELLI – Non, je parle sérieusement. Votre fils, à la vérité, n'est pas mort, mais il est entre les mains des Turcs.
> GRANGER – Entre les mains des Turcs ? Soutiens-moi, je suis mort.
> CORBINELLI – À peine étions-nous entrés en bateau, pour passer de la porte de Nesle au quai de l'École...
> GRANGER – Et qu'allais-tu faire à l'École, baudet ?
> CORBINELLI – Mon maître, s'étant souvenu du commandement que vous lui aviez fait d'acheter quelque bagatelle pour en régaler votre oncle, s'était imaginé qu'une douzaine de cotrets n'étant pas chers, et ne s'en trouvant pas par tout l'Europe de si mignons comme en cette ville, il devait en porter là : c'est pourquoi nous passions vers l'École pour en acheter ; mais à peine avons-nous éloigné la côte, que nous avions été pris par une galère turque.
> GRANGER – Eh ! de par le cornet retors de Triton, dieu marin ! qui jamais ouït parler que la mer fût à Saint-Cloud ? Qu'il y eût là des galères, des pirates, ni des écueils ?
> CORBINELLI – C'est en cela que la chose est plus merveilleuse ; et, quoique l'on ne les ait point vus en France que là, que sait-on s'ils ne sont point venus de Constantinople jusqu'ici, entre deux eaux ?
> PAQUIER – En effet, monsieur, les Topinambours, qui demeurent quatre ou cinq cents lieues au-delà du monde, vinrent bien autrefois à Paris ; et l'autre jour encore, les Polonais enlevèrent bien la princesse Marie, en plein jour, à l'hôtel de Nevers, sans que personne osât branler.
> CORBINELLI – Mais ils ne se sont pas contentés de ceci ; ils ont voulu poignarder votre fils...
> GRANGER – Quoi ! sans confession ?
> CORBINELLI – ...s'il ne se rachetait par de l'argent.
> GRANGER – Ah ! les misérables. [...]
> CORBINELLI – Mon maître ne m'a jamais pu dire autre chose, sinon : "Va-t'en trouver mon père et lui dire..." Ses larmes aussitôt suffoquent sa parole. [...]
> GRANGER – Que diable aller faire aussi dans la galère d'un Turc ? D'un Turc ! Perge. [...]

Cyrano de Bergerac, *Le Pédant Joué*, acte II, sc. 2.

La scène du sac dans « Joguenet ou les Vieillards dupés »
•

Voici un extrait de ce texte d'auteur inconnu : il s'agit de la scène 2 de l'acte III, comme dans la pièce de Molière, qui ressemble traits pour traits à la scène où Scapin cache Géronte dans le sac.

> JOGUENET « [...] Vous allez voir comme vos ennemis seront bien attrapés. Mettez-vous là bien à votre aise, et surtout prenez garde de ne point vous montrer et de branler, quelque chose qui puisse arriver.
> GARGANELLE – Laisse-moi faire. Je saurai me tenir dans la position qu'il faut.
> JOGUENET – Ah ! Faites vite, cachez-vous et laissez-vous mener comme je voudrai. Je veux vous porter de même que si vous étiez une balle de marchandise. Cachez-vous asture, faites vite. Voilà qui est fait. Nous sommes perdus. Voici un spadassin qui vous cherche. Ne branlez pas au moins. Tournez-moi le dos et appuyez la tête à la muraille. (Ici Joguenet contrefait sa voix, et, s'étant écarté au bout du théâtre, il fait un autre personnage et dit :) "Quoi ! Je n'aurai pas l'avantage de tuer ce Garganelle ? Quelqu'un ne m'enseignera-t-il pas où il est ? J'ai couru comme un Basque tout le jour sans pouvoir le rencontrer. Samblieu ! Je le trouverai, se fût-il caché au centre de la terre ! Holà ! Hé ! Écoute ici, garçon. Je te baille un louis si tu m'enseignes un peu où peut être Garganelle. Oui, morbleu ! Je le cherche partout sans avoir encore de ses nouvelles. (Ici Joguenet se tourne de l'autre côté du théâtre, et, prenant son ton naturel, dit :) – Et pour quelle affaire, Monsieur, cherchez-vous le seigneur Garganelle ? Vous me paraissez fort en colère contre lui. (Contrefaisant sa voix.) – Il me le paiera bien si je le tiens ; je le veux faire mourir sous les coups de bâton. (Il reprend son ton naturel.) – Oh ! Monsieur, les coups de bâton ne se donnent point aux gens faits comme lui, et ce n'est pas un homme à être traité de la sorte. (Il se tourne de l'autre côté et contrefait sa voix.) – Qui ? Ce fat de Garganelle, ce maraud, ce bélître ? – Le Seigneur Garganelle, Monsieur, n'est ni fat, ni maraud, ni bélître, et vous devriez, s'il vous plaît, parler d'autre façon. – Comment, coquin, tu me traites ainsi avec cette hauteur ? – Je défends, comme je dois, un homme d'honneur qu'on offense injurieusement. – Est-ce que tu es des amis de Garganelle ? – Oui, j'en suis, et de ses meilleurs ; je le servirai toute ma vie. – Ah ! teste ! mort ! tu es de ses amis ? À la bonne heure. Si je le puis rencontrer, un des soldats de ma compagnie, il n'en paiera pas moins que de sa vie, ou il consentira au mariage que son fils a contracté par Sylvie. De quoi s'est-il allié de le vouloir rompre ? Cependant, coquin, voilà des coups de bâton que je te donne. Porte-lui cela de ma part. (Ici, Joguenet frappe sur le dos de Garganelle comme si on le battait lui-même, et dit :) – Ah, Monsieur, tout beau ! ah ! doucement, je vous prie, je n'en suis pas la cause ! Pourquoi me frapper si rudement ? Au secours ! au secours ! »
> GARGANELLE – Ah ! Joguenet, je n'en puis plus. Ôtons-nous d'ici.
> JOGUENET – Hélas ! Monsieur, je suis tout moulu, moi ; et les épaules me font un mal si épouvantable que je n'aurai pas les forces de vous porter ailleurs. »

Joguenet ou les Vieillards dupés, acte III, sc. 2.

Ce texte est vraiment bien proche de celui de Molière. Est-ce une pièce que Molière aurait écrite jeune, ou est-ce une pièce écrite après celle de Molière, comme le nom de Scapin, utilisé une fois, pourrait le faire croire ? On ne le saura sans doute jamais. Reste que *Les Fourberies* sont une œuvre originale qui, par-delà les siècles, nous amuse toujours.

AU XVIIᵉ SIÈCLE

De son vivant, Molière, protégé par Louis XIV, est à la fois aimé et contesté. Il est, bien sûr, reconnu comme « *un très grand écrivain et mille fois encore plus grand auteur* » (Palaprat).

Toutefois, *Les Fourberies de Scapin* ne connurent qu'un faible succès : une petite vingtaine de représentations du vivant de l'auteur. Certains écrivains, même amis de Molière, comme Boileau, n'apprécient guère le retour à la farce :

> [Molière]
> *De son art eût remporté le prix*
> *Si, moins ami du peuple, en ses doctes peintures,*
> *Il n'eût point fait souvent grimacer ses figures,*
> *Quitté, pour le bouffon, l'agréable et le fin,*
> *Et, sans honte, à Térence allié Tabarin.*
> *Dans ce sac ridicule où Scapin s'enveloppe,*
> *Je ne reconnais plus l'auteur du Misanthrope.*

Nicolas Boileau-Despréaux,
L'Art poétique, III, v. 394-400, 1674.

AU XVIIIᵉ SIÈCLE

Fénelon reprend la critique de Boileau :

> Il faut avouer que Molière est un grand poète comique [...], mais ne puis-je pas parler en toute liberté de ses défauts ? [...] Il a outré souvent les caractères : il a voulu, par cette liberté, plaire au parterre, frapper les spectateurs les moins délicats et rendre le ridicule plus sensible. [...] Je ne puis m'empêcher de croire, avec M. Despréaux, que Molière, qui peint avec tant de force et de beauté les mœurs de son pays, tombe trop bas quand il imite le badinage de la comédie italienne.
> François de Salignac de la Motte-Fénelon, *Lettre à l'Académie* (VII), 1716.

Mais dans le *Mercure* de mai 1736, « un journaliste » semble répondre à Boileau :

> Plaute n'aurait pas rejeté le jeu même du sac, ni la scène de la galère, et se serait reconnu dans la vivacité qui anime l'intrigue.

De même Voltaire soutient-il l'auteur des *Fourberies de Scapin*, non sans avouer sa préférence pour d'autres pièces :

> On pourrait répondre à ce grand critique [Boileau] que Molière n'a point allié Térence avec Tabarin dans ses vraies comédies, où il surpasse Térence ; que, s'il a déféré au goût du peuple, c'est dans ses farces, dont le seul titre annonce du bas comique et que ce bas comique était nécessaire pour soutenir sa troupe. Molière ne pensait pas que Les Fourberies de Scapin ou Le Mariage forcé valussent L'Avare, Le Tartuffe, Le Misanthrope, Les Femmes savantes, ou fussent du même genre. De plus, comment Despréaux peut-il dire que "Molière peut-être de son art eût remporté le prix" ? Qui aura donc ce prix, si Molière ne l'a pas ?
> Voltaire, *Sommaire des* Fourberies, 1739.

Cependant, d'autres voix s'élèvent pour dénoncer l'immoralisme du théâtre comique en général, et de celui de Molière en particulier. Tel est le cas de l'écrivain Louis-Sébastien Mercier :

> Si l'avarice, la fourberie, l'insolence, la duplicité, la trahison sont des vices détestables, Les Fourberies de Scapin, George Dandin, L'École des femmes, Le Légataire universel, etc., sont des pièces dangereuses ; car si l'on ne forme pas les mœurs, on les corrompt.

> Louis-Sébastien Mercier,
> Nouvel essai sur l'art dramatique, 1773.

Et, pendant la Révolution de 1789, le Comité de Salut Public élimine presque tout Molière, puisqu'il était comédien du Roi, du répertoire du théâtre et censure ses textes.

AU XIXᵉ SIÈCLE

Molière est un peu moins goûté du public. On ne le trouve pas toujours drôle. On peut même parler d'une éclipse de la gloire de l'auteur des *Fourberies de Scapin*.

Stendhal, par ailleurs guère amateur de Molière, apprécie toutefois assez *Les Fourberies de Scapin* :

> La comédie des Fourberies est une jolie petite maison de campagne, un charmant cottage, où je me sens le cœur épanoui et où je ne songe à rien de grave.

AU XXᵉ SIÈCLE

Le metteur en scène Jacques Copeau (1879-1949) place Molière au-dessus de tous et voit dans *Les Fourberies de Scapin* l'essence même du théâtre.

> Les Fourberies sont l'expression du théâtre en soi, du pur théâtre. Dans Shakespeare, la forme théâtrale est souvent du conte dramatisé. Les personnages de Racine et de Marivaux sont analysables littérairement par un romancier. Il n'y a ici ni forme dramatisée, ni psychologie possibles, il y a du théâtre, il y a un mouvement. [...]

> Jacques Copeau, Les Fourberies de Scapin
> de Molière, Coll. « Mises en scène », Paris, Seuil, 1951.

En janvier 1934, un journaliste enthousiaste écrit :

> J'aime beaucoup Les Fourberies, parce que c'est une pièce italienne de Molière au seuil de la tombe, preuve qu'il ne considérait pas la farce comme indigne de sa Maison, à la différence du sac ridicule de Boileau, et aussi parce qu'on y trouve tout. C'est la synthèse moliéresque : intrigues tirées de Térence (jeunes filles disparues et retrouvées en esclavage ou non), qui lui-même les avait prises dans ce Ménandre dont les papyri nous ont révélé le mérite en 1906, et que les ravages barbaresques ne rendaient pas impossibles en 1671 ; bouffonneries de valets de la Commedia dell'arta, dignes descendants des Dave et des Strobile ; satire sociale (de la critique des frais et des lenteurs de la justice) ; goût de la galanterie et du bel esprit (scène de Zerbinette qu'on coupe au début de l'acte III) ; enfin plagiat très franc de Cyrano et de son Pédant et imitation des parlers provinciaux français (mots gascons de Silvestre déguisé).

> Paul Vinson, Comœdia, 1934.

Gustave Lanson admire en Molière le farceur :

> La comédie de Molière relève de la farce (...) En réalité, Molière est parti
> de la farce : tout ce qu'il a pris ailleurs, il l'y a ramené et fondu, il l'en a
> agrandie et enrichie. (...) N'en déplaise à Boileau, si Molière est unique,
> c'est parce qu'il est, avec son génie, le moins académique des auteurs
> comiques, et le plus près de Tabarin.

Gustave Lanson, *Histoire de la littérature française*, Hachette, 1894.

René Bray, lui, admire l'imagination créatrice de Molière :

> Qui soutiendrait que Zerbinette et Hyacinte dans Les Fourberies, Octave
> et Léandre, Argante et Géronte, Scapin lui-même et Sylvestre sortent
> d'une réalité observée ? Ces jeunes filles, ces amoureux, ces vieillards, ces
> valets, et cette nourrie et ce fourbe, c'est un personnel de convention que
> la tradition a légué à Molière et qu'il a accepté sans vergogne... La natu-
> re n'a rien à faire avec ces figures : elles n'obéissent qu'à des nécessités
> scéniques ou comiques. Nous retrouvons ici notre comédien, notre far-
> ceur ; comme Scaramouche, il se préoccupe de monter un spectacle par-
> fait, qui ne laisse pas échapper l'attention du spectateur et le détende en
> rires bienfaisants. Son dessein est celui d'un technicien, nullement d'un
> psychologue ou d'un moraliste. Il imagine beaucoup plus qu'il n'observe ;
> car l'imagination seule assure la liberté dont sa création a besoin.

René Bray, *Molière, homme de théâtre*, Mercure de France, 1954.

Antoine Adam, lui aussi, aime le farceur, mais également le vir-
tuose de l'écriture, et il répond à son tour à Boileau :

> Le mépris de Boileau est une réaction de pédant. Ce qui mérite d'être
> observé dans cette comédie sans prétention, c'est la virtuosité de l'écri-
> vain. Elle apparaît ici comme nulle part ailleurs dans Molière.

Antoine Adam, *Histoire de la littérature française
au XVII° siècle*, t. III, Domat, 1952.

Oui, le XX° siècle chérit Molière. Succès qui concerne notamment *Les Fourberies de Scapin* puisque, selon les chiffres du
registre de la Comédie-Française, la pièce est passée de la 24°
place du temps de Molière à la 14° au XVIII° siècle, puis à la 9° au
XIX°, enfin à la 8° aujourd'hui, au classement des pièces de
Molière les plus jouées, ce qui, toutes époques confondues, la
situe au 10° rang des 33 pièces répertoriées.

ÊTRE VALET

Le terme « *valet* » désigne au XVIIe siècle un jeune garçon et entraîne une confusion entre l'enfant ou le tout jeune homme et le serviteur. « *Louis XIII enfant dira, dans un élan d'affection, qu'il voudrait bien être "le petit valeut à papa"* », nous rapporte l'historien Philippe Ariès.

C'est qu'au Moyen Âge, l'enfant quittait sa famille à sept ans pour entrer au service d'une autre famille et s'initier ainsi à la vie d'homme jusqu'à l'âge de dix-huit ans. Il y apprenait aussi bien les manières d'un chevalier qu'un métier, ou encore les lettres latines. On ne gardait donc pas ses enfants chez soi et on élevait ceux des autres. Il n'y avait, par ailleurs, aucune honte à être dépendant de quelqu'un, et les services domestiques étaient indifféremment assurés par des enfants « apprentis » et par des serviteurs payés, eux aussi très jeunes. Cet usage était répandu dans toutes les conditions.

Au XVIIe siècle, il reste de cette pratique un certain nombre de survivances. Par exemple, savoir servir à table fait partie des bonnes manières et c'est aux fils de famille – et non aux domestiques – que cette tâche incombe. Les serviteurs, eux, sont engagés très jeunes, ce sont souvent les frères de lait[1] des enfants de la maison, et, la différence d'âge n'étant pas grande, il s'instaure souvent, entre le chef de famille et eux, une relation de protection comparable à celle qui existe entre le père et ses enfants. « *On ne payait pas un serviteur, on le récompensait* », nous dit Philippe Ariès. Cette familiarité dans la relation, qui n'exclut ni la brutalité des uns, ni la ruse des autres, a tendance à disparaître entre le maître et son serviteur quand celui-ci devient adulte, mais elle demeure avec les enfants qui ont été ses camarades de jeux. Scapin se moque sans scrupule de Géronte qui ne semble guère se soucier de son sort – on ignore en effet s'il l'entretient et lui paie des gages –, mais garde avec Léandre des relations amicales, même s'il lui a joué quelques tours de sa façon.

Au XVIIe siècle, le valet fait donc partie intégrante de la famille dont il partage la vie, de l'enfance à la mort. C'est ce qui fait dire à un moraliste du temps : « *La conduite d'un sage père de famille se réduit à trois chefs[2] principaux : le premier est d'apprendre à bien*

---

1. *frères de lait* : les enfants de la maison ont été nourris au sein de la mère des serviteurs.
2. *chefs* : devoirs.

ménager sa femme, le second à bien élever ses enfants, le dernier à bien régler ses domestiques. »

PARENTS ET ENFANTS

Au XVIIᵉ siècle, on découvre le sentiment de l'enfance, et la famille se transforme profondément. Désignant jusque-là l'ensemble des membres d'une même lignée, des grands-parents aux petits-enfants, en passant par les oncles et tantes et les cousins, le mot s'applique alors de plus en plus à la famille conjugale, c'est-à-dire aux parents et aux enfants qui partagent une intimité nouvelle.

L'ancienne éducation qui voulait qu'un enfant de sept ans – et ce, quel que fût son milieu – quittât ses parents pour aller parfaire son apprentissage de la vie dans une autre famille jusqu'à l'âge de dix-huit ans, tend à disparaître, notamment dans les familles bourgeoises.

Un réseau important d'écoles est mis en place pour les garçons, qui peuvent aussi avoir un gouverneur à domicile, tandis que les filles continuent, à part quelques-unes que l'on envoie aux « petites écoles » ou dans des couvents, à être élevées à la maison ou dans la maison d'une parente ou d'une voisine.

On se sépare donc moins et moins longtemps de ses enfants qu'autrefois.

Le progrès du sentiment de la famille n'éclipse cependant pas l'importance des relations sociales à une époque où « réussir, comme le dit Philippe Ariès, *c'est avant tout obtenir un rang plus honorable dans une société dont tous les membres se voient, s'entendent, se rencontrent presque chaque jour* » ; d'où le rôle essentiel joué par le père au sein de la famille. Son autorité est incontestée et, s'il a le désir de bien éduquer ses enfants en les gardant le plus longtemps possible auprès de lui, il veille aussi à bien les établir au moment du mariage, plus soucieux de leur confort matériel que de leur bonheur affectif.

Dans *Les Fourberies de Scapin*, Argante et Géronte, malgré leur caractère de fantoches, se révèlent des pères très attachés à leur fils, et le projet de mariage qu'ils ont échafaudé est bien conforme à l'esprit du siècle. Leur autorité ne fait aucun doute puisque Octave et Léandre ne peuvent que tricher pour arriver à leurs fins.

Il est très intéressant de voir les liens qui unissent les œuvres par-delà les siècles, par-delà les frontières : c'est l'objet de l'intertextualité, c'est-à-dire de l'étude comparée de textes différents, mais relatifs au même thème. Nous étudierons ici le thème de la farce, puis celui des relations entre maîtres et valets.

LA FARCE

La farce, pleine de personnages grotesques ou rusés, la farce souvent moralisatrice, la farce à la langue pittoresque demeure vivante en France : du Moyen Âge à nos jours, à chaque siècle, des auteurs en ont perpétué l'esprit. Mais, bien avant le Moyen Âge, et sans doute dans la plupart des pays, avant même que le mot *farce* existe, tous ses éléments ont déjà été trouvés.

Farces et Fourberies
•

La farce, dont l'âge d'or se situe au Moyen Âge, est un genre particulier, qui se distingue de la comédie de plusieurs manières :

– un comique de situation et de gestes, où alternent les gags, les coups de bâtons, les péripéties rocambolesques ;

– une intrigue presque toujours très simple et inspirée de la vie quotidienne : on y campe des médecins, des paysans, des avocats..., souvent caricaturés pour faire ressortir leurs défauts ; c'est pourquoi ils sont souvent masqués ;

Le théâtre au XVIIᵉ siècle s'inspire encore de la farce. Gravure d'après A. Bosse ; Photo J.-L. Charmet.

– des personnages qui deviennent ainsi des types, interchangeables d'une pièce à l'autre : il y a le valet facétieux et secourable, le mari trompé, l'avocat véreux etc. Dans la Commedia dell'Arte, ces personnages improvisent leur texte, à partir d'un canevas (un plan) très simple, devant un public qui participe souvent au spectacle.

À la farce, Molière a emprunté pour ses *Fourberies* le comique de situation, de geste et de langage (scène du sac, scène de la galère), mais aussi certains de ses personnages types (Scapin...). En revanche, l'absence de grossièreté, l'emploi d'une prose parfois très travaillée (acte III, scène 1), la complexité de l'intrigue font bien des *Fourberies de Scapin* une comédie.

Farces d'hier et d'aujourd'hui, d'ici et d'ailleurs
•

Le plus important des comiques grecs connus au Ve siècle avant Jésus-Christ, Aristophane, a écrit de nombreuses pièces satiriques truffées de scènes dont les farceurs du Moyen Âge pourraient bien s'être inspirés : ainsi, dans *Les Oiseaux,* Aristophane met en scène deux personnages qui sont dégoûtés de la vie sur terre et qui décident d'aller fonder une ville chez les oiseaux !

Faisons un saut dans l'espace. Au Japon aussi, se perpétue une tradition de farces : ce sont les kyôgen, intermèdes comiques écrits il y a six cents ans et qui sont encore joués entre les pièces du théâtre Nô, un peu comme les farces succédaient aux Mystères au Moyen Âge. Les personnages sont des gens du peuple, paysans ou moines, et sont parfois masqués.

Masques, gestes symboliques et mimes se retrouvent dans de nombreux spectacles.

A gauche, *Le Ramayana,* théâtre masqué et dansé de village, Bali, présenté au Festival d'Avignon (1990). © M. Enguerand.

En haut, *Masques,* spectacle d'improvisations à la Chapelle des pénitents blancs (1989). © Monique Rubinel/M. Enguerand.

En bas, le mime Marceau au théâtre des Champs-Elysées (1987). © M. Enguerand.

Voici un extrait de l'un de ces intermèdes :

Le propriétaire d'un champ de melons entre en scène, se parlant à lui même :

« *Cette année, mes melons sont vraiment beaux et les voilà bien mûrs. Ces jours-ci, il y a des voleurs et j'ai constaté que mes melons disparaissaient. Je vais surveiller mon champ. Pour écarter les voleurs, je vais installer un épouvantail.* »

Il construit un épouvantail et installe une barrière de bambou autour du champ. Il s'en va et se dit qu'il reviendra le lendemain.

Le voleur entre : « *Ces jours-ci, je n'ai pas de chance, rien ne me réussit. Il y a quelques jours, en me promenant dans les champs, j'ai trouvé un beau melon bien mûr. Aujourd'hui, peut-être j'en trouverai un plus beau, plus mûr. Je vais en emprunter quelques-uns.* » *Il arrive dans le champ et se trouve devant la barrière de bambou.* « *Peu importe, j'ai tout prévu* », *se dit-il. Il sort une scie, et brise la barrière bruyamment. Il se bouche les oreilles, mais il réalise :* « *que je suis bête, même si je me bouche les oreilles, les autres vont m'entendre !* » *Cela le fait rire aux éclats, mais le bruit de sa voix l'étonne et il se ferme la bouche avec les mains, regarde autour de lui pour s'assurer que le propriétaire du champ ne l'a pas entendu – ouf ! tout est calme –.*

Le voilà dans les champs. Il cherche dans le noir, mais ce n'est pas un melon qu'il ramasse, ce ne sont que des feuilles mortes.

« *Comme c'est bizarre !* » *se dit-il* « *ah ! mais je me souviens, pour trouver les melons dans le noir, il faut s'allonger par terre et rouler jusqu'à ce qu'on rencontre un melon.* » *Il se roule donc par terre et s'écrie :* « *Ça y est, j'ai un melon, comme un coussin sous ma tête, et sous mon bras et sous mon ventre.* » *Il les saisit tous et se trouve face à l'épouvantail. Croyant que c'est le propriétaire :* « *Excusez-moi, excusez-moi, je ne suis pas un voleur, je passais juste par là, par hasard et devant tous ces melons, je les ai seulement admirés. Tenez, tenez, je vous les rends.* » *L'épouvantail reste muet.* « *Comme c'est étrange* », *dit le voleur. S'approchant, il comprend tout :* « *Mais c'est un épouvantail ! suis-je bête ?* » *Il détruit l'épouvantail, la barrière, prend les melons et s'en va.*

Le lendemain soir arrive le propriétaire : « *C'est aujourd'hui, le bon jour pour ramasser mes melons.* » *Il arrive devant le champ et découvre des traces de pas, la barrière et l'épouvantail saccagés.*

« *Ah ! c'est un voleur qui a fait cela. Ils sont si bêtes qu'ils vont sûrement revenir ce soir. Je vais prendre la place de l'épouvantail, et je vais les attendre !* »

Arrive le voleur de la veille. « *Hier, j'ai donné tous mes melons à mon patron. Il m'a demandé si c'était moi qui avais cultivé ces beaux melons. – Oui, c'est moi, lui ai-je répondu. – Alors apporte m'en d'autres, il a dit. C'est pour quoi, je reviens ce soir pour en voler d'autres. Je sais bien que ce n'est pas bien de voler les melons que des gens ont mis tant de cœur à cultiver, mais je vais le faire quand même, je n'ai pas le choix.* » *Il constate que le champ est dans l'état où il l'avait laissé la veille.*

« *Vraiment ce propriétaire est idiot.* »

Cependant, il découvre l'épouvantail debout de nouveau. « *C'est étrange !... Probablement le propriétaire a remplacé l'épouvantail.* » *Et il lui parle :* « *Hier soir, j'ai pensé que tu étais un homme, alors j'ai eu peur, mais aujourd'hui que je vois mieux ton visage, je me dis que tu as une drôle de tête, tu me rappelles quelqu'un ! mais qui ! ?... Mais oui, je sais tu ressembles à la tête de mort du personnage que nous allons jouer dans mon village pour le carnaval. Dans notre spectacle, il y a le diable qui bouscule la Mort. En guise de répétition, je vais jouer le rôle du diable.* »

Le voleur commence à danser avec le bambou, mais peu à peu il s'ennuie. Alors, il se dit : « Je vais jouer le rôle de la Mort ». Et il dit à l'épouvantail : « Je suis la mort et toi tu es le diable. » Alors le propriétaire du champ en profite pour frapper le voleur avec un bambou ; alors le voleur crie : « Aie, Aie ! qui m'a lancé une pierre. Il n'y a pourtant personne, oh ! lala, j'ai peur... ».

Il saisit une ficelle qui pend sur l'épouvantail : « Quand, je tire cette ficelle, le bambou que voilà descend. » Et il tire et tire de nouveau. Alors l'épouvantail lui dit : « Toi, toi, c'est toi le voleur ! »

Le voleur s'enfuit poursuivi par le propriétaire du champ.

Texte communiqué par Lucia Benssasson, directrice de l'Association de recherche des traditions de l'Acteur (Cartoucherie de Vincennes).

Revenons en Occident, au Moyen Âge, où l'on joue de nombreuses farces. Parmi les plus connues, citons la *Farce de Maître Pathelin* (vers 1464) ou encore la *Farce nouvelle très bonne et fort joyeuse du Cuvier* (XVe siècle également) : dans cette farce, on y voit Jacquinot obligé d'écrire sous la dictée un « rôlet », c'est-à-dire un relevé des tâches que sa femme et sa mère veulent lui imposer. Soudain, sa femme tombe dans le cuvier où on lave le linge :

La femme – Mon Dieu, souvenez-vous de moi ! Ayez pitié de ma pauvre âme ! Aidez-moi à sortir dehors ! Ce serait une honte de me laisser mourir. Jacquinot, secourez votre femme ! Tirez-la hors de ce baquet !

Jacquinot – Cela n'est pas sur mon rôlet.

La femme – Le contenu de ce tonneau me presse si fort, j'en ai grande détresse. Mon cœur est en presse. Hélas ! pour l'amour de Dieu, ôtez-moi !

Jacquinot – Espèce de vieille vesse, tu n'es qu'une ivrognesse, retourne ta fesse de l'autre côté !

La femme – Hélas ! si l'on ne s'occupe pas de moi, la mort va venir m'enlever.

Jacquinot, lisant – « Pétrir et faire cuire le pain, passer la farine par le bluteau, laver et cuire... »

La femme – Le sang m'est déjà tout tourné, je suis sur le point de mourir.

Jacquinot – « Baiser, accoller et fourbir... »

La femme – Songez vite à me secourir !

Jacquinot – « Aller, venir, trotter, courir... »

La femme – Jamais je ne verrai la fin de ce jour.

Jacquinot – « Faire le pain, chauffer le four... »

La femme – Allons, la main ! Je tire à ma fin.

Jacquinot – « Mener la mouture au moulin... »

La femme – Vous êtes pire qu'un chien bâtard !

Jacquinot – « Faire le lit de très bonne heure le matin... »

La femme – Hélas ! vous avez l'air de croire que c'est un jeu.

Jacquinot – « Et puis mettre le pot au feu... »

La femme – Hélas ! Où est ma mère Jacquette ?

Jacquinot – « Et tenir la cuisine propre... »

La femme – Allez me chercher le curé !

Jacquinot – Il n'y a plus rien sur mon papier. J'ai tout lu. Mais je vous assure, sans long débat, que ce n'est point sur mon rôlet.

À la condition qu'elle renonce au « rôlet » et accomplisse sa part de tâches ménagères, Jacquinot accepte enfin de sortir sa femme du cuvier.

La Farce du Cuvier, traduction de Cl. A. Chevallier, in *Théâtre comique du Moyen Âge*, coll. 10-18, 1973.

La tradition existe aussi en Allemagne. Ainsi *Till Eulenspiegel* est une légende allemande très populaire (apparue au XVe siècle) et qui met en scène un paysan plein d'esprit qui, venu à la ville, se moque des citadins (situation inversée, un peu comme dans les carnavals). Lui aussi, comme Scapin, utilise bien souvent la fourberie pour parvenir à sa fin.

D'autres auteurs ont fait de nombreux emprunts à la farce : l'espagnol Miguel de Cervantès (1547-1616) lorsqu'il conte l'histoire de *Don Quichotte* et de son serviteur Sancho Pança utilise le comique de situation et de gestes de la farce.

(Sachez d'ailleurs que la troupe de Molière joua en 1660 une adaptation théâtrale de l'œuvre de Cervantès.)

En Angleterre, William Shakespeare (1564-1616) connaît, bien sûr, la Commedia dell'Arte. Thèmes, situations, personnages, décors, entrées de ballets, musiques, machines... se retrouvent dans son théâtre ; ainsi, dans *La Tempête,* il met en scène des personnages dignes de la farce, Trinculo, le bouffon, ou Caliban, créature monstrueuse, fils de sorcière.

Du XVIIIe siècle à nos jours, la tradition perdure : de Goethe (*Faust*, la scène de la taverne) à Victor Hugo (*Ruy Blas*), d'Alfred Jarry (*Ubu roi*) à Ionesco (*La Cantatrice chauve*), on retrouve soit dans des extraits, soit dans des textes entiers, l'esprit de la farce.

À partir des indications qui vous ont été données dans ce livre, reprises dans ce livre, retrouvez dans les œuvres ou les extraits cités les caractéristiques de la farce, mais aussi les spécificités propres à chaque époque et à chaque pays. Vous pouvez vous aider de l'iconographie.

Le valet est un personnage constant de notre littérature européenne. On le rencontre aussi bien dans un roman espagnol du XIIIe siècle que dans une pièce de théâtre française ou allemande du XXe siècle. La multiplicité de ses visages en fait un personnage riche dont l'évolution au fil des siècles est intéressante à suivre. Porteur des idées de son époque comme de celles de son créateur il est souvent, en effet, le porte-parole d'une société dont les valeurs changent à mesure que le temps passe.

D'abord étroitement lié à son maître au point d'en être parfois la réplique, il s'en détache peu à peu jusqu'à rivaliser avec lui et enfin le quitter pour être un homme à part entière.

LE COUPLE MAÎTRE-VALET

Le maître et le serviteur forment un couple. Il y a un lien de compagnonnage entre eux qui peut se traduire par une sorte de mimétisme de la part du valet, comme nous le montre Lesage dans *Gil Blas de Santillane* en 1724.

> Ces seigneurs continuèrent à s'entretenir de cette sorte, jusqu'à ce que don Mathias, que j'aidais à s'habiller pendant ce temps-là, fût en état de sortir. Alors, il me dit de le suivre ; et tous ces petits-maîtres prirent ensemble le chemin du cabaret où don Fernand de Gamboa se proposait de les conduire. Je commençai donc à marcher derrière eux avec trois autres valets ; car chacun de ces cavaliers avait le sien. Je remarquai avec étonnement que ces trois domestiques copiaient leurs maîtres, et se donnaient les mêmes airs. Je les saluai comme leur nouveau camarade. Ils me saluèrent aussi ; et l'un d'entre eux, après m'avoir regardé quelques moments, me dit : « Frère, je vois à votre allure que vous n'avez jamais encore servi de jeune seigneur. – Hélas ! non, lui répondis-je, et il n'y a pas longtemps que je suis à Madrid. – C'est ce qu'il me semble, répliqua-t-il ; vous sentez la province ; vous paraissez timide et embarrassé ; il y a de la bourre dans votre action. Mais n'importe, nous vous aurons bientôt dégourdi, sur ma parole. – Vous me flattez peut-être ? lui dis-je. – Non, repartit-il, non ; il n'y a point de sot que nous ne puissions façonner ; comptez là-dessus. »
>
> Il n'eut pas besoin de m'en dire davantage pour me faire comprendre que j'avais pour confrères de bons enfants, et que je ne pouvais être en meilleures mains pour devenir joli garçon. En arrivant au cabaret, nous y trouvâmes un repas tout préparé, que le seigneur don Fernand avait eu la précaution d'ordonner dès le matin. Nos maîtres se mirent à table, et nous nous disposâmes à les servir. Les voilà qui s'entretiennent avec beaucoup de gaieté. J'avais un extrême plaisir à les entendre. Leur caractère, leurs pensées, leurs expressions me divertissaient. Que de feu ! que de saillies d'imagination ! Ces gens-là me parurent une espèce nouvelle. Lorsqu'on en fut au fruit, nous leur apportâmes une copieuse quantité de bouteilles des meilleurs vins d'Espagne et nous les quittâmes pour aller dîner dans une petite salle où l'on avait dressé une table.

Lesage, *Gil Blas de Santillane*, livre III, chap. 4, 1724.

Mais ce mimétisme peut conduire le valet à vouloir rivaliser avec son maître au point de délaisser les intérêts de ce dernier pour les siens propres. Si Scapin, en effet, travaille encore au profit de ses jeunes maîtres, Frontin, dans *Turcaret*, une comédie de ce même Lesage, mais de 1709, s'applique à œuvrer pour son profit personnel.

Avec Marivaux, où les valets n'ont plus affaire à un demi-monde corrompu mais à la haute bourgeoisie, un autre Frontin apparaît en 1732 : celui des *Serments Indiscrets*. C'est un personnage plus autonome car il aime et se croit aimé. Manipulateur et arriviste, il en vient à travailler à l'accord de ses maîtres dans l'espoir de s'établir lui-même et d'épouser celle qu'il aime.

Le valet est devenu le double de son maître et jette un regard de plus en plus critique sur le monde de celui-ci, retrouvant un court instant le rôle des bouffons du roi, comme dans *Le Café* de Goldoni, avant de revendiquer sa place d'homme dans la société.

> *Ridolfo* – « Allons, les enfants, tâchez de vous bien comporter : soyez dégourdis et prompts dans le service et accueillez la clientèle avec politesse et civilité, car très souvent le crédit d'un établissement comme le mien dépend des bonnes manières de son personnel.
>
> *Trappola* – Cher monsieur mon patron, pour vous dire la vérité vraie, se lever de bonne heure comme ça ne convient pas du tout à mon tempérament.
>
> *Ridolfo* – Et pourtant il faut être debout dès l'aube, afin de pouvoir servir tout le monde. Ceux qui partent en voyage viennent de bonne heure, et aussi les ouvriers, les gondoliers, les marins, tous gens qui sont matinaux.
>
> *Trappola* – C'est vraiment une chose à vous faire crever de rire que de voir même un portefaix venir boire leur café.
>
> *Ridolfo* – C'est que tout le monde veut faire comme tout le monde, Trappola ! Naguère, la mode était à l'eau-de-vie, et maintenant, c'est le café qui est en vogue.
>
> *Trappola* – C'est comme cette dame à qui je porte son café tous les matins : elle me supplie presque chaque fois de lui acheter pour quatre sous de bois, et, malgré ça, elle aussi, elle veut absolument boire son café.
>
> *Ridolfo* – La gourmandise, Trappola, est un vice qui ne s'éteint jamais et qui, même, ne cesse de grandir au fur et à mesure que l'on avance en âge.
>
> *Trappola* – On ne voit encore arriver personne : on aurait pu dormir une petite heure de plus.
>
> *Ridolfo* – Les clients ne vont pas tarder à venir, et, du reste, il n'est pas si tôt que cela. Vous ne voyez pas que le barbier a déjà ouvert et qu'il est dans sa boutique en train de peigner des perruques ? Et l'établissement de M. Pandolfo est ouvert, lui aussi.
>
> *Trappola* – Oh ! quant au brelan de M. Pandolfo, il y a un bon bout de temps qu'il est ouvert. Ils n'ont pas fermé de la nuit.
>
> *Ridolfo* – Bravo ! M. Pandolfo a dû faire de bonnes affaires.

Trappola – Il fait toujours de bonnes affaires, celui-là ! Il gagne sur les cartes à jouer, il gagne sur ses prêts usuraires, il gagne en étant de mèche avec les tricheurs qui fréquentent son tripot. Et l'argent de tous ceux qui entrent chez lui finit immanquablement dans ses poches.

Ridolfo – Ne vous laissez jamais tenter par ce genre de gain, car, tôt ou tard, la farine du diable se transforme en son.

Carlo Goldoni, *Le Café, acte 1, sc. 1, 1750*
(trad. Michel Arnaud, Gallimard, 1972).

DU DUO AU DUEL ?

En 1784, avec *Le Mariage de Figaro,* Beaumarchais crée un serviteur, Figaro qui, en disputant à son maître la femme qu'il aime, fait brusquement tout basculer. Le duo Almaviva-Figaro devient un duel qui marque la fin du temps des seigneurs comme de celui des valets de comédie (voir aussi *Le Mariage de Figaro*, documentation annexe, coll. Classiques Hachette, 1991).

Le couple maître-serviteur existera encore cependant, mais il évoluera plus volontiers dans l'univers du tragique. Ainsi, Don Salluste et Ruy Blas dans la pièce de Victor Hugo, *Ruy Blas,* qui se termine par la double disparition du maître, assassiné par le valet, et du valet qui, victime de sa condition sociale, se donne la mort.

Au bout du compte, le valet restera seul en lice, qu'il s'agisse de Matti, laissant son maître Puntila à ses « familiarités », dans la pièce de Brecht du même nom, en 1940, ou de Mercure, le valet de Jupiter, dans *Amphitryon 38* de Giraudoux, en 1939. Accédant en effet, l'un et l'autre, à la condition d'homme, ils se révèlent mille fois supérieurs à leur maître.

AMOUR
•

C'est en quelque sorte la toile de fond de la comédie dont l'intrigue repose sur une double histoire d'amour contrariée par l'autorité paternelle, comme il se doit dans la plupart des comédies de Molière. L'originalité de la pièce veut qu'il y ait ici deux aventures amoureuses conduites parallèlement l'une à l'autre : celle d'Octave et Hyacinte (acte I, scènes 1, 2 et 3 – acte III, scènes 1 et 7), puis celle de Léandre et Zerbinette (acte I, scène 2 – acte II, scène 4 – acte III, scènes 1, 3 et 11).

DÉGUISEMENT
•

C'est un thème constant dans *Les Fourberies* qui peut aller du simple déguisement de la voix (acte I, scène 3) lorsque Scapin prend l'apparence du père d'Octave, au vrai jeu de rôle, lorsque Sylvestre se déguise en spadassin (acte II, scène 6). Ultime déguisement, Scapin se déguise en mourant.

FARCE
•

1) D'après le *Dictionnaire du Français* (Hachette) le mot viendrait du latin populaire « *farsa* » (« *farcire* » : *farcir*) – et désignerait un hachis de viandes épicées dont on garnit l'intérieur d'une volaille ou d'un pâté, la « farce » étant à l'origine un petit intermède comique dont on « farcissait » une représentation sérieuse.

2) Le terme « *farce* » semble provenir d'une confusion entre deux mots bien attestés en ancien français : celui de « *fars* », qui désigne une coiffure rembourrée de dame, donc un artifice, et celui de « *fart* », le maquillage, le fard, donc là encore, un artifice destiné à tromper.

Voir notamment, dans la pièce, acte II, scène 6 (Argante et le spadassin Sylvestre) et acte III, scène 2 (la scène du sac). Voir aussi pages 117 à 122.

ILLUSION
•

Scapin est un remarquable illusionniste qui, à intervalles réguliers, tout au long de la pièce, nous offre un spectacle à l'intérieur du spectacle. C'est d'abord « Scapin dans le rôle d'Argante face à Octave » (acte I, scène 3), puis « Scapin dirigeant Sylvestre déguisé en spadassin pour faire peur au même Argante » (acte II, scène 6), « Scapin jouant lui-même plusieurs mercenaires pour rouer de coups Géronte » (acte III, scène 2), enfin « Scapin faisant le mort » (acte III, scène 13).

PÈRES
•

Ce sont des personnages dangereux par l'autorité qu'ils détiennent et dont ils se servent pour faire obstacle au bonheur de leurs enfants (acte I, scène 4 et acte II, scène 5). Mais ce sont également des personnages facilement bernés et ridiculisés, car ils sont pourvus de traits de caractère si tranchés qu'ils en deviennent naïfs et vulnérables, surtout face à Scapin (acte II, scènes 6 et 7 – acte III, scènes 2 et 3).

Le thème du retour du père est le ressort de beaucoup d'intrigues de théâtre : c'est un des thèmes du *Phormion* de Térence et c'est le fameux « Je suis assassiné par ce maudit retour. » Dans les *Fourberies* (Octave, parlant du retour de son père, acte I, scène 1).

VALETS
●

Ils sont deux, Scapin, bien sûr, « l'ouvrier de ressorts et d'intrigues » (acte I, scène 2 – acte II, scènes 3, 5, 6 et 7 – acte III, scènes 2 et 13), mais aussi Sylvestre, le timide, l'effacé, le « froussard » (acte I, scènes 1, 2 et 5 – acte III, scène 1), le lâche même (acte III, scène 5), enfin « le beau directeur de jeunes gens », comme dit Argante avec ironie (acte I, scène 4), héritiers tous deux des esclaves de Térence et surtout du couple traditionnel des Zanni de la Commedia dell'Arte : l'intelligent et le balourd. On peut leur voir des successeurs dans des couples comme le clown blanc et l'auguste, ou encore Laurel et Hardy, au cinéma.

PETITE GRAMMAIRE DE LA LANGUE DU XVIIᵉ SIÈCLE

• *Me dis* pour *dis-moi* : quand deux ou plusieurs impératifs se suivent, il y a, pour le dernier, inversion du verbe et du pronom personnel complément : cf. *le Cid* : « *Va, cours, vole et nous venge.* »

• *Ils me veulent marier* pour *ils veulent me marier* : quand un pronom personnel est complément d'un verbe à l'infinitif qui dépend lui-même d'un verbe à un mode personnel, ce pronom se place avant le groupe verbal.

Autres exemples dans la pièce :
– *il me venait dire*
– *je ne les puis voir*
– *qui ... vous pensa faire rompre le cou...*

• *Vous deviez* pour *vous auriez dû* : l'imparfait de l'indicatif des verbes d'obligation ou de possibilité correspond à un conditionnel passé. Ce latinisme peut s'étendre à toute la phrase, *j'étais bien étonné s'il m'oubliait* c. à d. *j'aurais été bien étonné s'il m'avait oublié*).

• *Et demandant à Léandre ce qu'il lui semblait de cette personne, il me répondit froidement...* Le participe placé en tête de la phrase n'a pas le même sujet que le verbe principal qui suit, ce qui n'est plus admis aujourd'hui. On dirait maintenant : « *Et demandant à Léandre... je m'entendis répondre froidement...* ».

Le cas peut aussi se présenter pour un infinitif ou pour le verbe *être* s'il est sous-entendu ; exemples : *à moins que de l'épouser, on ne peut souffrir ses poursuites* (c. à. d. *à moins qu'il ne l'épouse...*) ; *bien qu'avare au dernier degré, il y faudra moins de façons encore* (c. à. d. *bien qu'il soit avare...*).

• *Qu'il n'aille consoler son aimable affligée* tournure elliptique fréquente, « *que* » est mis pour « *sans que* ».
– *qu'on ne vous aime toute sa vie.*
– *que cela ne m'émeuve,*

• *Ne laissez pas me conter* pour *racontez-moi*, *ne laissons pas d'attendre* pour *attendons*.
Emploi fréquent de la litote (figure de style qui consiste à dire moins pour faire entendre plus. Ex. *je ne suis pas mécontent* ; c.à.d. *je suis très content*) pour renforcer une affirmation. Ici, l'expression de la défense traduit avec plus d'intensité la volonté du personnage qui s'exprime (c'est d'ailleurs Scapin qui utilise cette formule).

• *De ces gens qui sont tous coups d'épées* : « *tous* » est mis pour « *tout* » au sens adverbial de « *totalement* ». Il devrait donc être invariable, mais on faisait l'accord.

LEXIQUE

Accommoder	: arranger.	Galant	: habile.
Affligé	: malheureux.	Génie	: don.
Ajuster	: arranger.	Impertinent	: sot.
Assassiné	: très ennuyé.	Machine	: ruse.
Chagrin	: ennui.	Maraud	: canaille.
Collation	: goûter, repas léger.	Pis	: pire.
Cruel	: pénible.	Pistole	: pièce de monnaie valant
Dessein	: projet.		dix ou onze livres, trois fois
Disgrâce	: malheur.		plus que l'écu.
Dupe	: personne qui se laisse tromper.	Plaider	: faire un procès.
		Prompt	: rapide.
Duper	: tromper.	Regarder	: concerner.
Échiner	: battre.	Réprimande	: reproche.
Écu	: pièce de monnaie valant trois livres, c'est-à-dire une assez forte somme d'argent.	Résoudre	: décider.
		Ressentiment	: rancune.
		S'acquitter de	: faire.
Égyptien	: Bohémien.	Soins	: aide.
Entendre	: comprendre.	Souffrir	: accepter.
Esquif	: barque.	Spadassin	: tueur à gages.
Exploit	: lettres établies par un huissier faisant état d'une décision de justice.	Stratagème	: ruse.
		Témérité	: fait d'être téméraire (hardi).
		Tout à l'heure	: tout de suite.
Fâcheux	: mauvais.	Seigneur	: Monsieur.
Fortune	: chance.		

BIBLIOGRAPHIE, FILMOGRAPHIE

- *Le Théâtre,* sous la direction de D. Couty et A. Rey, Éd. Bordas, 1980.
- S. Chevalley, *Molière, sa vie, son œuvre,* Éd. F. Birr, 1984.
- M. Boulgakov, *Le Roman de Monsieur de Molière,* Éd. G. Leibovici, 1990.
- G. Mongrédien, *La Vie quotidienne des comédiens au temps de Molière,* Hachette, 1982.
- G. Mongrédien, *La Vie quotidienne sous Louis XIV,* Hachette, 1948.
- F. Bluche, *La Vie quotidienne au siècle de Louis XIV,* Hachette, 1984.
- D. Biet, *Les Miroirs du Soleil,* Gallimard, « Découvertes », 1988.
- Cyrano de Bergerac, *Le Pédant joué,* in *Œuvres comiques, galantes et littéraires,* Éd. Galic.
- E. Rostand, *Cyrano de Bergerac,* Hachette, « Livre de poche » : tout l'acte I retrace les conditions matérielles d'une représentation au XVII⁰ s.
- Revue *Textes et Documents pour la Classe* (CNDP), numéros 252 du 4 décembre 1980 et 572 du 16 janvier 1991.

- *Molière ou la Vie d'un honnête homme,* d'A. Mnouchkine, 1978, diffusé par les Artistes Associés et Antenne 2. Film réalisé par une femme de théâtre qui, à trois cents ans de distance, vit un peu la même expérience que Molière : responsable d'une compagnie, metteur en scène, auteur.
- *Orfeu Negro,* de Camus : à voir pour la fête, le carnaval, les masques.
- *Les Enfants du paradis,* de M. Carné, 1945 : pour la vie d'une troupe et le travail de mime.
- *Les Fourberies de Scapin,* de R. Coggio, 1981.
- *Cyrano de Bergerac,* de C. Pinotteau, 1990 : à voir surtout pour le début (une représentation à l'Hôtel de Bourgogne), mais aussi pour la saveur de l'ensemble.

Imprimé en France par Hérissey à Évreux – N° 75764
Dépôt légal N° 175/02/97 – Collection N° 10 – Édition N° 09
16/6204/8